LA

FRANCHE-COMTÉ

EN 1815

DOCUMENTS INÉDITS

RECUEILLIS & PUBLIÉS

Par Léonce PINGAUD

BESANÇON

IMPRIMERIE ET LITHOGRAPHIE DE PAUL JACQUIN

1894

LA

FRANCHE-COMTÉ

EN 1815

DOCUMENTS INÉDITS

RECUEILLIS & PUBLIÉS

Par Léonce PINGAUD

BESANÇON

IMPRIMERIE ET LITHOGRAPHIE DE PAUL JACQUIN

1894

LA FRANCHE-COMTÉ

EN 1815

Il n'y a pas de document plus intéressant pour l'histoire de la Franche-Comté pendant les Cent-jours que la brochure rarissime imprimée en Suisse, à Vincy-sur-Rolle, datée de Pontarlier, 28 juillet 1815, et intitulée : *Rapport sommaire fait à Son Excellence le comte de Talleyrand, ministre plénipotentiaire de France près la Diète helvétique, sur la mission remplie dans les départements du Doubs et du Jura en mars, avril, mai, juin et juillet 1815, par Lafon, de Bordeaux, et Lemare, du Jura.* Elle offre un tableau de l'action royaliste, sur la frontière franco-suisse, entre le retour de l'île d'Elbe et la seconde Restauration ; action conduite de concert avec les anciens fédéralistes de 1793, alors que, dans le reste de la France, quiconque était taxé de jacobinisme se ralliait à l'empereur. Les pièces qui suivent, et qui ont été extraites des Archives des affaires étrangères (*Correspondance de Suisse*, vol. 497-499), serviront à ce récit de développement et de commentaire (1).

Leurs principaux auteurs, Lafon et Lemare, étaient d'origines très différentes. L'abbé Lafon conspirait depuis

---

(1) Consulter encore pour cette période les brochures suivantes :
PATEL, *Souvenirs des deux invasions de 1814 et 1815 dans la ville et l'arrondissement de Pontarlier.*

de longues années au profit des Bourbons, impunément pour les autres comme pour lui-même. Ayant pris activement fait et cause pour Pie VII, lors de la brouille entre le pontife et Napoléon, il avait fini par être arrêté à Bordeaux, puis transféré à Paris dans une maison de santé. Là, il se rencontra avec le général Malet, l'aida dans son fameux coup de main de 1812; mais, plus heureux que son chef, il se déroba au conseil de guerre et vint se cacher sous un faux nom en Bourgogne, à Louhans. Il était là au seuil de ce département du Jura, réfractaire plus que tout autre depuis vingt ans aux idées jacobines comme à la gloire impériale; il s'y lia avec certains compatriotes de Malet, entre autres avec Lemare.

Celui-ci est bien, dans le milieu et le temps où il a vécu, la figure la plus bizarre, la plus mobile, la plus difficile à caractériser. Successivement prêtre, administrateur du Jura, aide-major à la Grande Armée, principal d'un collège sous l'ancien régime et directeur d'un athénée sous l'Empire, il a joint à la variété des professions celle des opinions. Proscrit par les Jacobins sous la Terreur, hostile à la réaction sous le Directoire, ennemi de Bonaparte jusqu'à le proclamer traître à la patrie après le 18 brumaire, il partagea sa vie aventureuse entre des spéculations scientifiques, la composition de nombreux ouvrages de pédagogie et la lutte contre ses adversaires politiques de tout ordre. Il ne manifesta guère de passions suivies que contre Napoléon et en faveur d'un vague libéralisme, combattant l'un, propageant l'autre tour à tour sous l'enseigne du fédéralisme républicain et sous le drapeau fleurdelisé. Un trait fera juger cet homme singulier; sa thèse pour le doctorat en médecine a pour sujet : De l'influence des

---

Evénements qui ont eu lieu dans le canton de Nozeroy depuis le 21 juin au 23 juillet 1815 (par Willot de Beauchemin).
M. Th. Iung a publié quelques extraits des pièces qui suivent au tome III de son ouvrage intitulé : *Lucien Bonaparte et ses Mémoires*.

idées libérales sur la santé *(Quid possint in sanitatem quidquid liberum vulgo dicitur et liberale, necnon libertatis, quæcumque ea sit, decens et facilis usus).*

Lafon et lui s'étaient unis en 1814 pour glorifier Malet, leur ami commun. L'un publia une histoire de la conjuration qui eut, à la faveur de la réaction royaliste, deux éditions en quelques mois ; l'autre une brochure intitulée *Malet, ou Coup d'œil sur l'origine, le but et le moyen des conjurations formées en 1808 et 1812 par ce général et autres ennemis de la tyrannie*. En 1815, dans le Jura, leur action se traduisit surtout par une propagande de presse et une active correspondance, ainsi que par des tentatives de corruption sur les généraux commandant à Besançon, à Belfort et à Huningue. Ils avaient dans cette tâche souterraine de nombreux auxiliaires, cités pour la plupart dans le *Rapport sommaire* et dans les pages qui suivent. Derrière eux se rangeaient également ces mystérieux Philadelphes dont Charles Nodier a créé la légende, mais qu'on voit ici authentiquement à l'œuvre.

Leurs menées ne furent pas sans causer des appréhensions au gouvernement impérial, car le *Moniteur* du 30 mai contient un extrait du *Courrier du Jura*, qui débute ainsi : « On a arrêté dans les montagnes et traduit devant le magistrat de haute police à Lons-le-Saunier un émissaire chargé d'introduire en France et de répandre les proclamations incendiaires du nommé Lemare, qui prend le titre de commissaire du roi. » Suivent une appréciation très vive du rôle de Lemare pendant les premières années de la Révolution et un appel au patriotisme jurassien contre « les agitateurs de toutes les couleurs. »

En revanche, deux mois et demi plus tard (18 septembre), on lit dans le même journal :

« Avant-hier 19, l'abbé Lafon, de Bordeaux, et M. Lemare, du Jura, qui, pendant le dernier interrègne, ont rempli avec tant d'énergie, et au milieu de tant de dangers, les honorables fonctions de commissaires du roi sur les frontières de l'Est, ont eu l'honneur d'être admis près de Sa Majesté à une audience particulière, à laquelle ont assisté MM. le comte Hippolyte de Jouffroy, secrétaire de la commission ; Janson, ancien maire de Besançon ; Gomion, de Pontailler-sur-Saône, et Chambelland, de Dijon, qui les ont secondés dans leurs missions avec un zèle au-dessus de tous les éloges. M. de Joyand a présenté au roi l'expression des sentiments de la ville de Gray. »

Lafon et Lemare, comme tous les intrigants de leur espèce, n'obtinrent pas une récompense mesurée à l'importance qu'ils s'attribuaient. Lafon reçut la croix et devint en 1816 sous-gouverneur des pages. Lemare, découragé, quitta sans retour la politique pour la philologie et la grammaire, qui l'aidèrent à attendre obscurément la fin de son existence en 1835. Lafon ne lui survécut que d'une année.

I.

Le comte de Scey au comte Aug. de Talleyrand (1)
(Rapport des événements passés en Franche-Comté du 5 mars jusqu'au 24 même mois 1815).

Le soussigné reçut le 5 mars, à sept heures du soir, la dépêche de son collègue, préfet du Var, lui donnant avis du débarquement de Buonaparte; il dépêcha à Paris M. de Courvoisier, avocat général, ancien major au service d'Autriche, serviteur du roi aussi zélé qu'intelligent, avec ordre de demander des instructions directes au roi et aux ministres qu'il jugerait fidèles d'engager un prince à venir se mettre à la tête des Comtois, province très dévouée, et pouvant être secourus facilement par les Suisses. Le 6, il se rendit auprès du maréchal Moncey, qui était arrivé la veille de Paris, l'engager à se mettre à la tête des Comtois; il dit que son devoir l'appelait auprès du roi, et fit jurer à son fils, colonel du régiment de hussards alors en garnison à Dole, de bien servir le roi. Il a tenu parole, s'étant fait sabrer par des officiers de son régiment, lorsque son corps voulut suivre Ney. Le même jour, des proclamations furent faites pour armer la garde nationale et armer des volontaires.

Le 7, on travailla à l'organisation des volontaires et à rassembler la garnison. Le 8 au matin, M. le général de Bourmont reçut un courrier du ministre de la guerre lui annonçant l'arrivée de Mgr le duc de Berry et lui donnant l'ordre de ne rien faire avant *l'arrivée du prince*. Le général de Bourmont me transmit cette instruction en me requérant sous ma responsabilité personnelle de tout suspendre. Le 8 au soir, arrive la première voiture de Mgr le duc de Berry. Le peuple crut que c'était Son Altesse Royale. Les plus grandes acclamations eurent lieu, et la ville fut illuminée spontanément. Le 9 au matin, le maréchal Ney arriva; il annonça qu'il avait engagé Mgr le duc de Berry à rester à Paris et qu'il se chargeait

---

(1) Le comte de Scey, préfet du Doubs depuis la première Restauration. Il devait avoir pour successeur, lors de la seconde, le baron Capelle. Le comte Auguste de Talleyrand (1772-1842), cousin du célèbre diplomate, exerçait déjà les fonctions de ministre en Suisse sous le règne de Napoléon.

seul de conduire le scélérat, le monstre, enfin toutes les qualifications les plus méprisantes, à Paris enchaîné ou tué de sa main. Ney rassembla la garnison, parla à tous les officiers pour les maintenir dans la fidélité due au roi, et ordonna les plus grands apprêts militaires, fit vider les arsenaux pour compléter l'armement de son corps. Il me recommanda une grande activité dans l'organisation des volontaires et des gardes nationales. Il expédia deux estafettes aux maréchaux Suchet et Oudinot. Comme je concevais quelques soupçons, je fis intercepter les dépêches au second relais, mais elles étaient les deux écrites de sa main, et dans le meilleur esprit. Le 10 au matin, arriva le duc de Maillé, aide de camp de Monsieur, qui m'apprit la défection de Lyon. Il croyait trouver Mgr le duc de Berry, qui malheureusement était resté à Paris; il vit le maréchal Ney qui donna l'ordre de départ à toutes ses troupes, se faisant suivre de toutes les munitions. Je fis partir un courrier pour Paris pour insister sur l'arrivée du prince, demander des ordres et surtout le secours des Suisses, voyant le découragement gagner surtout dans le bourgeois (sic), qui était désarmé et sans munitions.

Le 12, je continuai à organiser les gardes nationales du département. Le 13, déjà quelques détachements de volontaires à cheval se formèrent, et je reçus la malheureuse ordonnance du roi pour rappeler au chef-lieu les officiers à demi-solde. Je ne la publiai pas, en redoutant l'effet, mais le général Bessières, commandant militaire du département, la fit afficher et répandre par la gendarmerie. Le 14 au matin, je reçus un ordre du maréchal Ney de faire partir tous mes volontaires et toutes les cartouches qui restaient dans la place; faute de ces derniers objets, ajouta-t-il, ne pourrait pas se porter en avant, ayant son quartier général à Lons-le-Saunier, et devant se porter à Bourg le lendemain pour attaquer le 15 à Châlon. Les volontaires, mon fils à la tête, partant de suite, reçurent ceux de Dole et entrèrent le 14 à Auxonne. Le 15 au matin, j'appris la trahison de Ney et la défection de tous les généraux. Le même jour, un régiment d'artillerie entra à Auxonne avec la cocarde blanche, et aux cris de *Vive le roi*, et ayant relevé tous les postes, il arbora la cocarde tricolore. Le colonel comte de Clebs, qui le commandait, fut désarmé; il fut forcé d'évacuer la place ainsi que tous les volontaires, qui rentrèrent à Dole et à Besançon. A la rentrée des volontaires, je sommai le commandant de la place de fermer les portes, de remettre la citadelle à la garde bourgeoise, et de déclarer Besançon en état de siège. Il s'y refusa sous divers prétextes. J'assemblai les chefs des corps pour les raffermir dans le devoir; tous me promirent de rester neutres jusqu'à ce que le roi eût fait remplacer M. le comte de Bourmont. Je fis partir un troisième courrier pour demander des ordres et des pouvoirs au roi ensuite de la défection de Ney.

Le 16, le préfet du Jura se retira auprès de moi. J'appris que celui de la Haute-Saône avait arboré la cocarde tricolore, ainsi que le général Gruyère, mais que les hussards de Berry gardaient la cocarde blanche. Le 17 au matin, je reçus la première lettre ministérielle m'autorisant à prendre toutes les mesures que nécessitaient les circonstances et à prendre le commandement de toutes les gardes nationales de la Franche-Comté, ce que j'ai fait; mais le général commandant d'artillerie étant dans la trahison, je n'ai pu obtenir de lui ni armes, ni munitions, mais redoublant mes efforts, en attendant toujours des ordres de Paris, j'ai fait acheter environ 2,000 fusils et quelques quintaux de poudre et de plomb, que j'ai fait conduire dans les montagnes pour assurer en cas de besoin ma retraite, ou servir à former un noyau à un rassemblement.

Le 18, le maréchal Suchet me fit prévenir du passage successif d'environ dix mille hommes qui devait commencer le lendemain. J'envoyai reconnaître à Baume le premier régiment; il portait la cocarde blanche, et était commandé par un ancien aide de camp du général Clarke. Je tâchai de décider cet officier fidèle à s'emparer du commandement de la place; il n'osa pas prendre sur lui ce coup de main et préféra continuer sa route. Le maréchal Suchet fit suspendre la marche du reste du corps qu'il m'avait annoncé, et les préfets du Haut et du Bas-Rhin m'informèrent qu'ils présumaient que ce corps resterait fidèle.

Le 19, le maréchal Ney fit mettre à l'ordre du jour affiché dans les trois départements l'ordre d'arrêter MM. le comte de Scey (le soussigné), le comte de Bourmont (parti pour Paris), les généraux Lecourbe et Durand, les colonels Dubalen, et Clouet, son premier aide de camp qui l'avait abandonné, M. Garnier, maire de Dole et trois ou quatre autres personnages moins marquants. Le 19 au soir je reçus la déclaration du congrès, j'en fis imprimer 10,000 exemplaires que j'ai fait distribuer dans tout le midi de la France. Dans la nuit, M. de Courvoisier revint de Paris, m'annonçant malgré tous ses efforts qu'il n'avait obtenu aucunes instructions ni ordres particuliers. Il me remit un mot de la main de Monsieur qui me donnait, au nom du roi, tout pouvoir dans la province de Franche-Comté. M. Courvoisier me rendit compte que d'après ce qu'il avait vu à Paris et sur sa route, il était convaincu que la trahison étant sur tous les points, rien ne s'opposerait à l'entrée de Buonaparte à Paris. J'engageai M. de Gingins, qui m'avait été envoyé de Berne, de partir sur-le-champ pour la Suisse, afin de demander des secours s'il en était encore temps. Je donnai des ordres pour que toutes les gardes nationales comtoises se missent en marche, et fussent à même de se réunir au maréchal Suchet, s'il restait fidèle, lequel devait être le 22 à Belfort. Le 20, un second courrier me revint de Paris, ne m'apportant aucune autre instruction qu'une lettre de M. le comte Ferrand qui me disait que le roi s'en remettait à mon zèle; elle me confirmait aussi l'entrée prochaine de Buonaparte à Paris. La même nuit, le général Bessières reçut l'ordre de Buonaparte de prendre le commandement de la 6e division, de faire arrêter le comte de Scey, préfet, de le livrer à un conseil de guerre et de le remplacer par un de ses plus fidèles sujets. Le général Bessières, qui avait (sic) resté jusqu'alors indécis, espérant recevoir des ordres directs du roi, se décida pour Buonaparte. Il me communiqua ses ordres, et me trouvant décidé à rester à mon poste, et connaissant mon influence sur la garnison pour l'empêcher de se prononcer avant l'entrée de Buonaparte à Paris, il fit rassembler environ 600 officiers à demi-solde, qui arborèrent la cocarde tricolore et insultèrent ceux qui portaient des cocardes blanches. Je fis battre la générale, la garde nationale rétablit l'ordre dans la ville et je soutins l'espèce d'assaut que ces officiers essayèrent de donner à la préfecture. Pendant ce temps, le général Bessières harangua la garnison réunie sur la place des Casernes et la décida à ôter la cocarde blanche. La soirée fut tranquille, mais ayant reçu l'avis qu'un régiment logé à Baume et qu'un détachement de gendarmerie revenant de l'armée de Ney devaient entrer le lendemain avec la cocarde tricolore, et que le maire de la ville, réuni à quelques officiers de la garde nationale, complotait d'arborer pendant la nuit le drapeau tricolore, afin d'éviter de nouvelles scènes, de plus, mon troisième courrier revenant de Paris m'assurant que le 20 Buonaparte y serait entré, je me décidai à évacuer la ville avec mes volontaires et à me porter sur Montbéliard pour m'y réunir à Suchet s'il était resté fidèle, ou y attendre des forces de Suisse si le roi en avait demandé. J'arrivai le 20 à Montbéliard, j'entendis tirer le canon à Belfort, je fis reconnaître la place et j'en reçus le rapport de la défection du général Suchet à la nouvelle de l'arrivée de Buonaparte à Paris. Je me retirai dans les montagnes, vers Saint-Hippolyte, j'expédiai des ordres dans les trois départements pour y disloquer les gardes nationales et les volontaires, faire cacher les armes et les munitions et se tenir prêtes à se réunir s'il y avait lieu. J'ai parcouru le 24 toute la frontière jusqu'à Pontarlier et me suis retiré à Neuchâtel où j'ai reçu des nouvelles du 24 au soir de Besançon, où la plus grande tranquillité régnait, mais où il existait une stupeur générale ainsi que dans toute la province. On s'y attendait à une guerre civile, où beaucoup d'individus [entreront] lorsqu'ils connaîtront un point de ralliement.

Beaucoup d'officiers supérieurs sont rentrés dans leurs foyers et sont très affectés de la manière dont l'armée française s'est déshonorée; c'est ainsi qu'ils parlent des traîtres même en les suivant (1).

Le comte DE SCEY.

II.

Le comte de Scey au comte Aug. de Talleyrand.

[Sans date. — Commencement d'avril.]

MONSIEUR LE COMTE,

L'aide de camp que j'ai envoyé pour prendre les ordres de Mgr le duc d'Angoulême, confiant sur l'avis reçu à Genève que les royalistes étaient devant Lyon et devaient y entrer le lendemain, s'est porté sur cette ville au lieu de se diriger par le Piémont sur le Midi. Il me confirme que les premiers coureurs de l'armée royale se sont bien avancés jusqu'à une lieue de Lyon, mais que le mouvement du faubourg de la Guillotière étant très prononcé contre, ainsi qu'une bonne partie des paysans qui se portent aux excès de 1789 et 93, les royalistes se sont retirés. Il croit les forces beaucoup moins considérables qu'on ne les avait annoncées d'abord, et beaucoup de troupes rebelles se rassemblent à Lyon. On y attend une colonne composée de la vieille garde

---

(1) A la suite de ce rapport, le comte de Talleyrand a ajouté de sa main ce qui suit : « Ayant demandé à M. le comte de Scey de me donner un rapport sur les derniers événements qui s'étaient passés dans son département, et le courrier devant partir dans une heure, il est fait très à la hâte et copié par deux écritures différentes. Il en fait ainsi que moi ses excuses à Votre Altesse. » Cette dernière ligne, rapprochée des premières lignes de la pièce qui suit, fait voir que le destinataire du rapport était le duc d'Angoulême.

envoyée en poste de Paris; les communications sont absolument coupées avec le Midi. Il allait essayer de traverser, mais cela retardera certainement son arrivée et encore plus son retour, ne croyant pouvoir le faire que par le Piémont, Chambéry étant au pouvoir de Buonaparte. (Il ne présume les forces effectives de Monseigneur que de 18,000 hommes.)

M. de Maléchard, préfecturant le Doubs, vient d'y faire une tournée; partout il a professé le jacobinisme le plus pur, disant cependant que l'intention du gouvernement était de tout pardonner, mais que si tout le monde et surtout les nobles et les prêtres ne se ralliaient pas de bonne foi, il fallait alors une réaction terrible, les livrer à la justice du peuple et qu'il serait le premier à se mettre à la tête des assemblées populaires, la république étant un moyen assuré de sauver la patrie. Il m'a fait dire à peu près la même chose en m'invitant à rentrer si je voulais éviter la confiscation. Ma réponse a été l'envoi de ma proclamation, dont je vous envoie une copie; je la fais imprimer à Besançon et distribuer par les curés, cela étant moins difficile et même moins dangereux que de l'imprimer en Suisse et de l'introduire. Je me suis décidé à prendre le même moyen pour les bulletins. Le dernier contenait le traité du 25, il a fait de l'effet. Les gazettes de France ayant fait la maladresse de confirmer la déclaration du 13 en la combattant, on croit depuis à toutes les nouvelles d'Allemagne, et l'inquiétude gagne déjà les administrateurs en sous-ordre. On prépare une levée depuis 18 ans à 40 pour l'organisation des bataillons qu'on appellera gardes nationales mobiles. Tous les officiers seront pris dans les demi-soldes. Ce travail se fait en secret à la préfecture. La difficulté est l'armement; le temps le facilite; aussi est-il très important que les opérations des armées commencent, car le jacobinisme offrirait de grandes ressources, et tous les crimes commis seront autant de gages donnés au gouvernement français que je ne sais comment appeler, car suivant tous ces rapports et ceux venant de Paris, ce n'est point Buonaparte qui domine en ce moment.

J'ai vu MM. Lafon et Lemare; ils n'avaient pas réussi à Berne ni ici au premier abord, et j'avoue que Lemare étant venu premièrement seul et le soir chez moi et ne s'étant point nommé, sa conversation m'avait paru suspecte, d'autant plus que ses traits ne me paraissaient pas inconnus. Enfin, une heureuse inflexion de voix m'ayant prouvé que nous étions compatriotes, il s'est nommé et j'ai reconnu le fameux abbé Lemare, premier jacobin de France, chef des *Oudetistes*, lesquels, à l'instar du tribunal secret, ont condamné à mort Buonaparte dès le 18 brumaire an VIII. Alors me trouvant en pays de connaissance et cette société dont tous les chefs sont comtois s'étant ralliée à moi depuis longtemps, je me suis entendu avec ces messieurs pour leur procurer tout ce qui est nécessaire au succès de leurs démarches; je leur ai adjoint une personne déjà connue de Genève qui les y introduira et en cela sera utile. Ils sont partis de suite, très contents de ce renfort, car l'abbé Lafon, qui est un exemple de vertu, s'était un peu découragé de l'accueil que lui procurait son acolyte, qui ne rachète tous ses vices que par une haine invétérée contre Buonaparte et un désintéressement total. Votre Excellence pourra remarquer que ma proclamation était déjà conforme à cette singulière association; car je suis obligé d'opposer les vrais républicains, qui rêvent la république sans crimes, à ceux qui entourent Buonaparte, qui veulent les crimes et la licence pour s'emparer ensuite du gouvernement.

Votre Excellence trouvera ma lettre bien longue, mais j'ai cru devoir m'étendre sur quelques détails pour la mettre à même d'éclairer les autres ministres sur le vrai état de la France, qui nécessite les plus sérieuses réflexions et les mesures les plus actives, le mal faisant chaque jour des progrès affreux, et s'il gagnait soit dans la Suisse, soit dans les départements jadis réunis, les conséquences en seraient terribles. Ce n'est pas que je le croie, surtout si les armées avancent promptement, et que le parti royaliste ne soit pas entièrement écrasé en France. Je soutiendrai l'esprit des campagnes dans le département du Doubs. M. Lemare m'a assuré qu'il maintiendra le Jura (où son influence est très grande), mais la Haute-Saône est très mauvaise, et il y a des meneurs dangereux. Ils travaillent, ils arment même, c'est ce qui me décide à presser la même mesure dans le Doubs et à l'indiquer à tous les honnêtes gens, pour qu'autant qu'il dépend de moi ils ne soient pas pris au dépourvu. Si les Suisses avaient pu faire un mouvement en avant, comme vous l'aviez si bien préparé et comme je le désirais si vivement, je ne ressentirais pas toutes les angoisses que j'éprouve et qui ne finiront que lorsque Mgr le duc d'Angoulême (*un mot illisible*), s'il peut soumettre Lyon, ou que l'invasion aura lieu. J'y compte pour les premiers jours de mai. Veuillez me confirmer cet espoir, quelque terrible que soit le remède.

Recevez, monsieur le comte, l'assurance de mon sincère attachement.

Le Comte DE SCEY.

Que le roi, que les princes oublient depuis un mois les Suisses et la Franche-Comté, c'est toujours pour moi une chose inexplicable, car le supposant arrivé le 26 à Bruxelles, dès longtemps vous auriez dû recevoir un courrier et moi une personne de confiance, soit pour diriger un mouvement, soit pour tracer la conduite à tenir à l'approche des armées alliées.

A l'instant revient un de mes émissaires, il m'annonce que le comte de Chalanc (?) de Joux accepte l'entrevue que je lui ai proposée aux Verrières pour samedi, mais que Marulaz, qu'on m'avait dit être à Besançon, n'y est pas encore arrivé (1).

III.

Rapport fait à S. M. Louis XVIII par ses commissaires envoyés dans les départements du Jura et de Saône-et-Loire.

Zurich, 5 avril 1815.

Sire,

Nommés le 12 mars, au nom de Votre Majesté, par votre direction générale de la police pour diriger tous les efforts contre l'ennemi commun et prendre avec MM. les préfets toutes les mesures nécessaires, nous partîmes le même jour de Paris....

.... Nul département n'a produit tant d'ennemis contre Buonaparte que celui du Jura. C'est la patrie de Pichegru, de Malet, d'Oudet, fondateur de la Philadelphie. C'est là que prirent naissance les principales conspirations contre le tyran; d'un autre côté, il est plein de prêtres non assermentés prêts avec toutes leurs ouailles à devenir martyrs pour la cause du roi et de la religion.

L'un de vos commissaires, Lemare, y a été à trois époques différentes président de l'administration centrale, et y conserve une

---

(1) Dans une lettre du même au même, qui paraît de peu postérieure (Neuchâtel, 6 avril), on lit : « M. le comte de Moustier, ancien ministre de France à Berlin, Monsieur le comte, arrive; il est parti de Paris le 30; il confirme que les plus grandes inquiétudes y règnent.... La Franche-Comté est tranquille et attend le joug qu'elle devra porter; en attendant, aucune des arrestations ordonnées ne s'y est exécutée et le peuple paraît ne vouloir prendre aucune part aux événements, à moins qu'il n'y soit contraint par une force supérieure; il n'y a point de troupes.... »

grande influence parmi les royalistes qu'il a sauvés de leurs persécuteurs et dans le parti républicain auquel il a appartenu.

Le 18, nous étions à Dole, le 19 à Lons-le-Saunier où nous allions rétablir le préfet, malgré toute la gendarmerie hautement prononcée pour Buonaparte, et nous l'aurions fait si nous n'avions craint de compromettre les braves qui venaient avec nous le réinstaller; car nous nous attendions à la prise de Paris, et nous craignions l'effet de cette nouvelle.

Nous avons parcouru tout le département, tant par nous-mêmes que par des hommes à cheval, pour répandre la proclamation que nous avions rédigée chez le préfet, et organiser la correspondance. Nous avons montré aux aveugles partisans de l'échappé de l'île d'Elbe toute l'Europe conjurée se précipitant sur nos frontières et prête à punir ceux qui l'auraient favorisé.

Le 23, nous étions à Saint-Claude dans une réunion de tous les éléments contraires à Buonaparte, prêtres assermentés et non assermentés (1), et lorsque nous nous sommes vus entourés de toute une brigade de gendarmerie, à la tête de laquelle était un étranger à ce département, elle voulait nous enlever et nous livrer au tigre d'Ajaccio; mais les autorités locales et les anciens républicains nous ont arrachés d'entre les mains de ces lâches sicaires.

Nous partîmes pour organiser sur la frontière les moyens de correspondance; nous nous transportâmes d'abord dans le canton de Saint-Laurent, lieu de naissance de l'un de nous, puis dans celui de Morez, mais les ordres du chef de la gendarmerie nous y suivirent bientôt; les percepteurs des droits réunis et les préposés aux douanes devaient aussi nous couper toute communication en Suisse; mais tous les habitants étaient pour nous ainsi que les maires, et nous n'eûmes à nous garantir que d'une surprise.

Si nous avions eu seulement deux compagnies soldées d'hommes dévoués et déterminés ou des fonds pour les former et les entretenir, nous nous serions maintenus dans le Jura, nous aurions enlevé à main armée tous les gendarmes bonapartistes, réinstallé le préfet, empêché toute levée d'hommes et d'argent. Mais nous avons cru que bientôt l'occasion d'agir serait encore plus favo--

---

(1) Par une circulaire datée de Saint-Aubin (Jura), 25 avril, l'archevêque de Besançon, alors en cours de tournée pastorale, se plaint qu'on accuse certains membres de son clergé, non seulement de se refuser à prier pour l'empereur, « mais de porter le scandale jusqu'à se permettre des propos coupables contre l'oint du Seigneur, jusqu'à provoquer la guerre civile.... »

rable. Nous avons passé au delà des frontières après avoir fait circuler l'avis que nous ne tarderions pas à reparaître ; qu'en attendant il fallait opposer au tyran la force d'inertie, entraver, retarder la levée des impôts et de la conscription. Nous avons sur toute la frontière depuis Saint-Léger près Porrentruy, et à Porrentruy jusque vis-à-vis Genève, des hommes sûrs pour répandre dans l'intérieur tous les écrits convenables.

Notre zèle et notre dévouement peuvent être utilisés de deux manières :

1° Pour la circulation dans l'intérieur de tous les ordres et écrits propres à diriger l'opinion, à encourager les faibles, à épouvanter les traîtres et à empêcher les levées. Pour cela, il ne manque qu'une imprimerie placée sur l'extrême frontière, soit en Suisse soit en France : nous avons déjà reconnu les deux endroits où nous pourrions l'établir. Une presse et deux ouvriers avec très peu de caractères suffiront ; il faut aussi quelques fonds pour indemniser les distributeurs et porteurs d'ordres et de dépêches ;

2° Pour rétablir dans le Jura et par la suite dans d'autres départements les autorités royales.

500 hommes, dont nous augmenterions bientôt le nombre par des recrutements, suffiraient dans les circonstances actuelles. Alors nous établirions dans l'Est un point central de désertion qui, par sa position et ses connaissances des localités, pourrait rendre, d'ailleurs, les plus importants services. C'est surtout sur la puissance de la parole que nous comptons ; aidée d'un peu de force, elle produira des prodiges. La bonté de la cause et la confiance dont nous jouissons dans le département en sont les garants les plus sûrs.

IV.

Bulletin de Besançon (12 avril).

Le fameux Dumolard (1) a été nommé commissaire extraordinaire de Buonaparte dans la 6ᵉ division militaire. A son arrivée, il a

---

(1) Bouvier-Dumolard (1780-1855), ancien intendant en Carinthie et en Saxe, ancien préfet du Finistère et de Tarn-et-Garonne. Il allait être élu par l'arrondissement de Thionville à la Chambre des représentants. Son zèle pendant les Cent-Jours le fit porter au mois d'août sur la liste des exilés.

fait les proclamations les plus énergiques dans le style de 1793 pour appeler les citoyens à la défense de la patrie et secouer le joug des prêtres et des nobles. Mais comme beaucoup de villages manquent de pasteurs et en sont très peinés, et que la noblesse est ruinée depuis vingt-cinq ans, cette proclamation n'a produit que l'effet contraire à celui que le proconsul en attendait. Il a rassemblé les maires, les a harangués, mais il n'en a obtenu que l'assurance qu'ils ne pouvaient rien faire de ce qu'il demandait. Il a changé tous les fonctionnaires qu'il accuse d'insouciance et les a remplacés par des gens tarés.

Les caisses publiques sont vides, et les officiers n'étant pas payés, se sont réunis et ont montré beaucoup de mécontentement. Ils ont refusé de se rendre aux diverses destinations qui leur étaient assignées.

Le général Marulaz a refusé le commandement de la 6ᵉ division militaire (Besançon) et s'est retiré à la campagne. Le colonel de la gendarmerie Tassin, officier d'un grand mérite, a été remplacé par un nommé Weber, mauvais sujet. Plusieurs brigades de gendarmerie ont fait connaître qu'elles étaient prêtes à servir le roi, puisque leur colonel et l'inspecteur général, le maréchal Moncey, s'étaient déclarés pour lui.

La garnison de la ville et citadelle de Besançon n'est plus que de 600 hommes, le reste est parti pour Lyon; celle du fort de Joux est de 200. Toute la garde nationale de Besançon est royaliste; la crainte seule que les puissances ne soient d'accord avec Buonaparte les a terrorisés ainsi que la masse du peuple. Il a annoncé si positivement que Marie-Louise arriverait, qu'il avait d'excellentes nouvelles de Vienne, qu'il était certain de la paix dès que les troubles de l'intérieur seraient apaisés, que tout en ne croyant à ces mensonges artificieux, cela paralyse cependant l'énergie et augmente l'apathie, suite nécessaire de vingt-trois ans de révolution où toujours les honnêtes gens ont été sacrifiés. D'après cet état de choses, si on ne prend pas les moyens les plus efficaces pour désabuser le peuple et rassurer la classe honnête, le découragement gagnera et la propagande fera de nouveaux progrès. Déjà on remarque l'envoi des émissaires qui, sans se déclarer ouvertement, influenceront sourdement l'opinion des égoïstes et diminueront l'énergie des peuples voisins.

Les nouvelles du Midi sont très mauvaises; on assure l'armée de Mgr le duc d'Angoulême entièrement dispersée, que même il a été arrêté au moment de s'embarquer, cela paraît incroyable à beaucoup de monde, d'autres n'y voient que l'effet d'une trahison générale. Le roi ne fera-t-il pas bientôt connaître aux Français ses intentions ? Son silence désespère dans l'intérieur.

V.

Le comte Aug. de Talleyrand au comte de Jaucourt (1).

Zurich, 23 avril 1815.

J'ai déjà eu l'honneur d'informer Votre Excellence que je cherchais à traiter avec les commandants de Besançon et de Belfort pour voir s'il serait possible d'avoir ces deux forteresses pour le roi. En revenant de Berne où j'avais écrit à Lafon et à Lemare la lettre dont je joins ici copie n° 1 (2), je trouvai à Zurich le général Steigentesch qui me parla des propositions qu'il était chargé de faire passer aux généraux Marulaz et Lecourbe. Je le priai de me les donner par écrit, voyez n° 2. Il me demanda si je savais un moyen de les leur faire parvenir.

Croyant qu'il était plus convenable de traiter uniquement au nom du roi, ce qui faciliterait le succès de cette négociation, j'écrivis à MM. Lafon et Lemare la lettre n° 3. Sur ces entrefaites

---

(1) Jaucourt était chargé par Louis XVIII, à Gand, de la correspondance à entretenir en Suisse.

(2) Cette lettre et les trois autres mentionnées plus loin manquent.
Le général autrichien baron Steigentesch (1774-1826) avait été déjà chargé plusieurs fois de missions plus ou moins secrètes; ainsi, à la veille de 1809, il avait été envoyé à la cour de Prusse à Kœnigsberg et en 1814 près du roi de Suède. C'était, en outre, un écrivain qui a laissé de nombreuses poésies et pièces de théâtre.
On trouve de lui, à nos Archives des Affaires étrangères, cette lettre au comte de Talleyrand, en date du 22 mai : « Les propositions que je suis chargé de faire aux commandants de place de Belfort et de Besançon consistent que chacun conservera son grade de lieutenant général dans les armées de S. M. le roi ou dans quelle autre des armées alliées où bon lui semblera, et comme il faudra probablement des fonds aux commandants pour gagner la garnison, je suis chargé d'assigner à chacun la somme de cinq cent mille francs, à quel banquier il voudra, quand il aura rempli les conditions que V. Exc. lui proposera au nom de S. M. Louis XVIII. »
On peut lire dans l'ouvrage *Lucien Bonaparte et ses Mémoires* (t. III, p. 281-283) les projets de traités préparés pour Marulaz à Besançon et Barbanègre à Huningue.
Talleyrand écrit le 2 juillet que, dès qu'il a appris la journée de Waterloo, il a retiré les promesses qu'il avait autorisé les sieurs Gimel et Forestier à faire, l'un à Barbanègre, l'autre à Lecourbe.

je reçus d'eux celle ci-jointe n° 4. J'espère sous peu savoir à quoi m'en tenir sur les desseins de ces deux commandants. Peut-être serait-il fort utile que Son Excellence M. le duc de Feltre leur envoyât des ordres. Les alliés, notamment l'Autriche, tiennent infiniment à être sûrs de ces deux places avant de commencer la campagne.

Le plan d'organiser dans les départements frontières de la Suisse une fédération royaliste me paraît le seul avantageux pour la cause du roi. Je fais mes efforts pour procurer à ce parti de la poudre et du plomb.

Cinquante hommes de cavalerie de ligne demandent à sortir avec chevaux, armes, bagages; une compagnie d'infanterie demande également à passer, mais n'ayant encore ni moyen de les solder, ni un point pour les rassembler, je n'ai pu accepter leur proposition et les ai engagés à patienter. Les officiers qui m'arrivent journellement m'assurent que beaucoup de troupes sortiraient si elles étaient sûres d'être à la solde de Sa Majesté, et si elles voyaient un noyau se former; mais sans fonds, que puis-je faire (1)?

Je joins ici divers écrits que j'ai fait répandre en France par milliers.

De grâce, Monsieur le comte, que Sa Majesté n'envoie pas ici de grands faiseurs, je vous le demande pour le bien de son service. Lafon et Lemare valent mieux qu'un grand nom. Pour réussir, il est nécessaire de bien connaître son terrain. Telle mesure prise dans le midi de la France ne vaut rien à l'est. Là, ce sont des royalistes; ici, ce sont des républicains qu'il faut attacher à la cause du roi. Un grand nom produira un bon effet en Provence, à Bordeaux, et gâtera tout dans le Jura, dans le département de la Haute-Saône, où la haute noblesse est une espèce d'épouvantail. Lafon et Lemare étant de la classe favorite des républicains et parlant au nom du roi ont sur ces gens-là plus d'empire que n'en pourrait avoir un Montmorency; ce qui me le prouve, c'est l'effet merveilleux que produisent leurs arrêtés et leurs écrits, qu'ils datent tantôt d'une ville, tantôt d'une autre (2)....

---

(1) Dans une lettre antérieure au même (5 avril), Talleyrand dit avoir reçu des ministres d'Angleterre et de Russie en Suisse 10,000 fr., qu'il a remis à Lafon et à Lemare.

(2) V. dans le *Rapport sommaire* (p. 9) leur proclamation *Aux citoyens des départements de l'Est*, et (p. 13) la liste des pièces qu'ils firent imprimer et distribuer.

VI.

Le comte de Scey au comte Aug. de Talleyrand.

Berne, 23 avril 1815.

D'après un rapport que j'ai reçu ici, la Franche-Comté est dénuée de troupes, et on y recevrait les Suisses avec un grand enthousiasme. Cela assurerait cette province au roi, couvrirait la Suisse et donnerait toutes les facilités pour seconder le Midi et calmer Lyon. J'écris en conséquence au duc de Feltre; veuillez, je vous prie, lui faire passer ma dépêche et écrire dans le même sens. C'est vouloir sacrifier une des meilleures provinces que de ne pas profiter de la chance actuelle et de la laisser épuiser par Napoléon en levées d'hommes et d'argent; je puis bien les ralentir, mais non pas en arrêter l'effet sans l'espoir d'un prompt secours, et la circonstance du retour des soldats suisses est bien favorable.

Neuchâtel, 26 avril 1815.

Je suis toujours, Monsieur le comte, dans les plus grands embarras vis-à-vis tous les officiers des diverses garnisons de Franche-Comté qui me rejoignent ainsi que des officiers de la maison du roi. Il y a aussi beaucoup de soldats qui voudraient déserter et servir le roi; j'ai écrit itérativement au ministre de la guerre pour solliciter ses ordres. En attendant, je voudrais obtenir de la diète ou d'un canton l'autorisation de les cantonner, car, n'étant pas armés, ils ne peuvent pas se maintenir dans un village frontière de mon département. Plusieurs ont chassé les individus qui leur apportaient des ordres pour organiser la garde nationale, ils ne paient pas les impôts et en tout sont très bien disposés, me sollicitent vivement de rentrer pour me mettre à leur tête, ce que je me garderai bien de faire aussi longtemps que je ne serai pas soutenu par des troupes réglées.

Le général Marulaz a enfin pris le commandement de la 6ᵉ division. Il affecte beaucoup d'activité pour l'approvisionnement de la place et des forts, mais cependant j'ai lieu de présumer qu'il ne se défendra pas longtemps contre les armées royales lorsqu'il sera certain que toutes les puissances sont d'accord.

.... Le comte de Valaise (1), répondant à une lettre que je lui

---

(1) Ministre du roi de Sardaigne.

avais écrite pour que les habitants du Jura fussent protégés, s'il y avait lieu, par les troupes qui sont à Carouge, me confirme que l'intention du roi son maître est de seconder tout ce qui pourrait être utile au service de Sa Majesté Très Chrétienne....

VII.

Rapport de MM. Lafon et Lemare.

(Lettre reçue par eux d'un ami de Marulaz.)

[10 mai.]

Marulaz, commandant de Besançon, est en horreur à la canaille. Il serait très possible de le faire prononcer et de lui faire arborer le drapeau blanc au moyen d'une cinquantaine de personnes que nous mettrions en avant pour crier : Vive le roi ! sous-entendu que ce serait d'accord avec le général. Je crois que si j'étais autorisé de manière à pouvoir constater cette autorisation, j'entreprendrais l'ouverture....

Je vais demain travailler Lecourbe qui commande Belfort. Je lui enverrai son ami intime qui est aussi le mien. Il partira de suite et fera au général les ouvertures convenables sans avoir besoin de se gêner. Il est certain que Lecourbe est surveillé par Bonaparte et que Lecourbe le sait. Il serait bien à désirer que l'on pût connaître quel grade ou quelle somme Sa Majesté consentirait à donner à ces deux généraux pour leur faire arborer dans leurs places le pavillon blanc....

Un ancien capitaine de l'armée de Condé qui connaît parfaitement le local sait un moyen de tourner le fort de l'Écluse et d'arriver par des chemins inconnus sur les travaux de la redoute, ce qui faciliterait infiniment les moyens de s'emparer de ce poste. Ce serait en partant de Mijoux et de Saint-Claude.... Cet officier nommé Blin est connu en Suisse, d'E. peut prendre sur lui des renseignements. Il a un brevet de pension de Sa Majesté Britannique dont il n'est plus payé depuis le mois de mars dernier. Cette modique pension lui serait très utile. Daignez en parler à M. Canning. Étant boiteux, il ne peut servir activement, mais il peut être très utile vu la connaissance qu'il a des frontière de la Suisse, et on peut l'employer pour le recrutement des personnes qui sortent de France (1).

---

(1) Ce Blin avait servi à l'émigration dans les Chevaliers de la Couronne et dans le régiment de Durand (armée de Condé). Je dois à une

A Arinthod, que nous vous avions signalé comme le bourg du Jura le plus enragé en faveur de Bonaparte, nos proclamations et arrêtés ont été affichés et lus publiquement; les femmes, les hommes, les enfants se sont portés sur le clocher, en ont arraché le drapeau tricolore.

L'évêque de Besançon, auquel les curés avaient refusé de lire au prône sa pastorale bonapartiste, s'étant porté de sa personne dans les églises de son diocèse pour la publier, a reçu partout des témoignages de désapprobation si forts qu'il en est mort de honte et de chagrin. En mourant, il s'est rétracté publiquement devant dix-sept curés, ce qui a produit un effet merveilleux.

Doazan, préfet du Jura, se calme infiniment; il a proposé à plusieurs maires très royalistes de les rétablir, ce qu'ils ont refusé.

Une dizaine de Dolois, presque tous de la bourgeoisie, sont arrivés ici ou aux environs. M. Titon, acquéreur des biens des Minimes, est venu avec son cheval, les trois frères Savelle (?), un homme de la maison Froissard sont de ce nombre, ils brûlent d'agir.

Bonaparte retire une partie de ses troupes du midi. Excepté du côté de Chambéry, Besançon, toutes ses forces se portent dans le nord. Il n'y a pas quinze cents hommes dans le pays de Gex. Les douaniers commencent à craindre l'effet de nos menaces; le peuple les poursuit à chaque instant.

Nous promettons aux habitants du Doubs et du Jura qu'ils seront respectés par les alliés s'ils se montrent bons royalistes et s'ils coopèrent de tous leurs moyens au triomphe de la bonne cause.

Un décrotteur, porteur de message, vient d'être arrêté. On l'a fouillé et l'on a trouvé dans la doublure de sa veste le billet ci-joint : « Que ma famille parte à l'instant même, fût-ce de nuit; demain, il sera peut-être trop tard; l'affaire aura éclaté. Je rentre-

---

bienveillante communication le curieux document qui suit, et qui le concerne :

« Nous, colonel commandant en chef du corps des Chevaliers de la Couronne, certifions que M. Blain est entré audit corps le 1er janvier 1792 et y a servi avec honneur et distinction jusqu'au 1er juillet de la même année; qu'il en est sorti pour être chargé de l'entrepôt général des fourrages établi à Galsheim pour le rassemblement de l'armée royale, et ce sur la demande de l'intendant de ladite armée; qu'ayant été arrêté à Verdun dans la nuit du 15 au 16 octobre dernier, il a été banni du royaume par jugement du département du Haut-Rhin du 9 du courant, avec défense d'y rentrer sous peine de mort, suivant les décrets de la prétendue assemblée Convention nationale.

« A Horb, ce 23 mars 1793.   Le Comte DE BUSSY. »

rai bientôt en France et j'y occuperai un grand emploi. Fouché et Carnot me l'ont promis. Tout va bien, mais dans la crise je tremble pour ma femme. »

On a lieu de croire qu'en travaillant Carnot et en lui promettant les bonnes grâces du roi, on le détacherait de Bonaparte qu'il n'aime pas. Le ministre Clarke a une grande prépondérance sur son esprit. Il pourrait négocier cette affaire avec succès, sinon Lemare, qui le connaît beaucoup, pourrait, si on le trouvait bon, traiter avec lui.

VIII.

Lafon au comte Aug. de Talleyrand.

16 mai 1815.

.... Plusieurs personnes estimables viennent de nous arriver de l'intérieur de la France, afin de se concerter avec nous sur les moyens de servir le roi. Toutes s'accordent à dire que nos écrits et notre proclamation surtout portent la terreur dans les âmes, détachent du parti de B. ceux qui étaient le plus prononcés.... A Pontarlier les pères et les mères des hommes enrôlés sous les drapeaux de B. les ont suppliés d'abandonner cette cause afin de ne pas les exposer aux peines portées contre eux par notre proclamation, et qu'à l'instant 160 avaient quitté les rangs pour ne pas servir l'usurpateur. On nous a envoyé un courrier pour nous annoncer cette nouvelle et nous prier d'envoyer de nouvelles proclamations. Nous avons trois hommes qui sont partis de la frontière pour aller les répandre dans l'intérieur, et il s'en est distribué sur tous les points une si grande quantité qu'elles sont maintenant épuisées. Nous sommes forcés de les faire réimprimer pour contenter les personnes qui les réclament.

Nous avons également la certitude que dans une commune très peuplée près la ville d'Orgelet et extrêmement mauvaise, la proclamation a produit un si grand effet que les femmes, après en avoir connu le contenu, ont déchiré avec les dents le drapeau tricolore et ont déclaré que leurs enfants ne partiraient pas.

Dans une autre commune près de celle de Moirans, dans le Jura, les personnes qui avaient acquis des biens communaux et étaient forcées de les payer ont heureusement reçu la proclamation avant de verser dans les caisses publiques, et épouvantées par la crainte de payer deux fois, elles se sont décidées à retarder leur paiement à la rentrée du roi.

A Dole et autres lieux de la Franche-Comté et du Jura, on oppose une grande résistance pour ne point partir pour l'armée de Bonaparte. On nous fait demander un lieu de refuge afin de se soustraire au danger et pour servir le roi.

Nous avons eu la visite de plusieurs hommes dévoués à Bonaparte et remplissant des fonctions publiques. Nos proclamations leur avaient inspiré de très vives inquiétudes, ils ignoraient ce qui se passait au dehors et croyaient sottement que les puissances n'oseraient point entrer en France, et que Bonaparte ferait la paix. Non seulement nous les avons désabusés, mais électrisés et enflammés pour le parti contraire. Ils nous ont demandé s'il fallait qu'ils demandassent leur démission pour être en sûreté, nous nous y sommes opposés, nous les avons invités à se maintenir dans leurs fonctions, et à rendre au roi tous les services qui dépendraient d'eux. Nous les employons à faire des enrôlements secrets pour le roi, à provoquer la désertion, à empêcher de payer les contributions et à faciliter la circulation de nos écrits.

Les préposés aux frontières sont tourmentés par l'effroi que leur inspire cette proclamation. Quelques chefs ont demandé de communiquer avec nous, nous avons pris des renseignements exacts et nous avons l'assurance que nous les emploierons utilement pour la cause commune.

.... Les vœux les plus ardents de mon cœur consistaient à pouvoir former sur la frontière un point de ralliement aux Français fidèles.... Il n'a pas été en notre pouvoir de faire tout ce que vous auriez voulu, et le défaut d'argent ainsi que la crainte de faire des victimes ont mis des bornes à la force de nos désirs.... Nous n'avons point besoin de fusils, ils en ont suffisamment pour commencer ; quand il faudra agir ouvertement, ils s'en procureront.— Ils seront nourris dans les campagnes sans qu'il nous en coûte un sou.... Il leur faut de la poudre et du plomb, j'ai la confiance que vous nous procurerez ces deux objets....

Je persiste à rappeler à votre souvenir la demande que j'ai eu l'honneur de vous faire plusieurs fois touchant le besoin indispensable d'avoir des décorations à offrir.... Sollicitez des brevets pour en faire usage en blanc quand vous le croirez convenable.... Je vous adresse, comme nous en sommes convenus, quelques exemplaires de nos nouveaux écrits qui circulent déjà. Vous trouverez également dans ce paquet quelques exemplaires de notre brochure, qui a été trouvée excellente par tous ceux qui l'ont lue...

IX.

Le comte Ed. de Montrond au comte Aug. de Talleyrand (1).

Neuchâtel, 22 mai 1815.

Monsieur le comte,

J'ai bien reçu la réponse que Votre Excellence m'a fait l'honneur de m'adresser le 15 courant. J'arrive de la frontière et pense devoir vous informer, toujours avec prière de le transmettre, de ce qui est arrivé à Casimir. J'ai eu deux fois de ses nouvelles, l'une depuis Saint-Hippolyte et l'autre de Besançon ; mais ces deux lettres étaient fort contraintes par sa position. Je suis cependant assuré qu'aucune visite n'a été faite sur sa personne, ni dans ses papiers, et qu'il aura jusqu'à Paris conservé la plus libre disposition de tout ce qu'il avait avec lui.

Il paraît d'après cela qu'il n'a point été arrêté d'après un ordre émané de Paris. Il s'est présenté à Saint-Hippolyte avec le passeport qui lui avait servi pour aller à Vienne ; on l'a arrêté sous prétexte qu'il aurait dû en avoir un nouveau, puisqu'il était dès lors retourné à Paris. Mais la véritable raison était qu'il était mon frère, et je vous en expliquerai plus loin les motifs. L'officier de gendarmerie lui a même offert de le conduire jusque chez moi pour voir sa famille : il en était encore à deux lieues ; mais averti par un employé de la sous-préfecture que l'on ne lui donnait cette facilité que dans l'espérance qu'instruit de son arrivée, je reviendrais la nuit pour le voir, et que ce serait une manière de me prendre, il s'y est refusé. Reconduit à Besançon, il y a payé de son audace accoutumée avec Dumolard et le préfet, et ils l'ont laissé coucher à l'auberge sous la promesse qu'il ne verrait personne de la ville, et le lendemain il est parti pour Paris avec un gendarme. Si j'en juge par ses lettres, ce retour ne lui donne aucune inquiétude. Il est probable cependant que son arrivée inopinée et non annoncée chez moi, à deux lieues de la Suisse et sans passeport, avait un autre but qu'une visite à sa famille. Mais il est certain

(1) L'auteur de cette lettre devint sous-préfet de Montbéliard après 1815. Son frère Casimir, dont il est question plus loin, était le fameux familier du prince de Talleyrand ; il revenait de Vienne, où il avait été chargé d'une mission secrète par Napoléon. (Thiers, *Histoire de l'Empire*, liv. XL. — *Mémoires du chancelier Pasquier*, t. III, p. 198-199.)

qu'il a eu la plus libre disposition de ce dont il était porteur.

J'ai laissé nos montagnes aussi bonnes que possible. M. de Scey n'aura pas manqué de vous informer que j'y avais organisé plusieurs bataillons de gardes nationales absolument dévoués au roi. Je suis sûr de leur faire prendre les armes le jour où cela sera convenable. Nous manquons cependant de tout, mais le zèle suppléera. Partout les maires nommés par le peuple ont été choisis parmi les officiers de mon organisation. Nos curés me secondent avec un zèle et un dévouement difficiles à exprimer. C'est un grand malheur que la nécessité où je me suis trouvé de sortir; mais quand le commissaire a eu connaissance de l'audace de nos royalistes, de la terreur des partisans de Napoléon, quand il a su que presque tous les militaires en congé limité ou illimité de mon arrondissement refusaient de rejoindre, que même des officiers à demi-solde n'obéissaient pas au rappel, et qu'enfin tous les jeunes gens appelés pour la garde nationale passaient en Suisse, il s'en est pris à moi et a voulu m'arrêter. Dès lors les craintes les plus visibles les agitent chaque fois que j'approche les frontières, et une compagnie mobile de cinquante douaniers a pour unique occupation de se placer toujours vis-à-vis moi et de me guetter. Ils viennent même d'essayer de me faire enlever par les habitants de l'évêché de Bâle, et j'en ai informé le gouvernement de ce pays.

.... Les troupes qui étaient avec Lecourbe l'ont quitté pour se porter dans le Nord. A la fin de la dernière semaine, il n'avait avec lui que les gardes nationales. Je ne puis concevoir quelle terreur avait pu par conséquent engager le gouvernement de Porrentruy à faire donner la chasse à environ 500 jeunes gens de mon arrondissement qui s'y trouvent en ce moment. J'ai été assez heureux pour faire révoquer cet ordre injuste et dont l'exécution eût produit l'effet le plus déplorable....

X.

Extrait des bulletins, du 25 mai 1815.

Les dangers sont très grands sur la frontière, les difficultés pour introduire en France des écrits augmentent de jour en jour. Plusieurs personnes viennent d'être arrêtées avec des correspondances (1).

---

(1) La lettre suivante donnera une idée des mêmes faits, au point de vue du gouvernement impérial. Le 24 mai, M. Micaud, sous-préfet

.... Nous venons de recevoir un messager qui nous apporte des renseignements sur le général Lecourbe. Il paraît qu'il croit avoir à se plaindre du roi, qui n'aurait pas voulu l'employer à l'époque de l'entrée de Bonaparte sur le sol français. Cet ami nous fait dire qu'il va le sonder et lui faire part de nos propositions. Il croit que c'est avec de l'argent qu'on pourra le gagner. S'il transige effectivement pour de l'argent, nous vous mettrons à même de terminer cette affaire, car nous voulons bien tâcher de mener à une heureuse fin cette négociation, mais nous ne voulons pas être la filière par où l'on fera passer les fonds. Notre décision sur ce point est invariable. Nous travaillons pour l'honneur, par pur dévouement, et ne voulons nullement que les affaires d'argent nous regardent.

....La désertion commence et on a l'espoir qu'elle fera de grands progrès. 14 soldats de la ligne sont déjà arrivés à Neuchâtel. Il en est déserté plusieurs de Pontarlier en passant par les Verrières. 4 officiers sont également arrivés à Neuchâtel et annoncent qu'ils seront suivis incessamment de plusieurs soldats. Cette désertion serait beaucoup plus forte si les soldats et officiers étaient convaincus qu'ils peuvent trouver un asile en Suisse, mais on fait courir en France le bruit, qui n'est que trop vrai, que les déserteurs ne sont pas reçus en Suisse, et qu'aussitôt qu'ils se présentent on les reconduit sur la frontière de France....

---

de Pontarlier, écrivait à Jean de Bry, ancien préfet du Doubs, alors préfet du Bas-Rhin :

« Je fais ici tous les services. Depuis quinze jours, je suis cependant débarrassé des passeports, etc. Nous avons un lieutenant de police qui a pris cette amusante occupation ; il a la surveillance des frontières du Doubs et du Jura. Il est très poli, me donne de la confiance et brûle de zèle. Deux bataillons de grenadiers sont répartis sur notre frontière. On fait des travaux pour défendre les passages de Morteau et Sainte-Marie. M. le lieutenant général Marulaz est venu hier visiter notre fort.... Notre département a de la peine à se mettre à la hauteur. M. le préfet avait appelé en surveillance à Besançon M. notre procureur impérial et le juge de paix de Morteau (Sanderet); l'un et l'autre, au lieu d'obéir, sont allés chez nos voisins les Suisses en attendant que l'ennemi les ramène dans leurs foyers. Nos compatriotes antifrançais deviennent circonspects.

Vous connaissez à présent nos représentants; pour cette fois encore le Doubs n'asservira pas la Chambre. Vous savez peut-être que notre député avait M. Michaud (ex-conventionnel) pour concurrent. Ce dernier *auteur* boit à présent de tout son cœur à la santé de l'empereur; il est tout dévoué, toujours en conservant les vrais principes. Je n'ai pas ici quatre individus à qui je puisse parler franchement. J'espère que le séjour de la troupe nous rapprochera tous.... »

J'ai envoyé un militaire respectable à Auxonne pour sonder le gouverneur de cette place et le déterminer, s'il est possible, à se ranger du côté du roi. On travaillera en même temps la garnison et on l'instruira de tout ce qui se passe.

Il y a dans ce moment à Belfort en troupes de ligne le 7e dragons, le 4e de hussards, le 62e de ligne; tout le reste gardes nationales. La garde nationale du département de l'Ain consiste en 2 bataillons, le 1er et le 2e; celle du département du Rhône consiste en deux bataillons; celle du département de la Haute-Saône est sur le Rhône. On évalue sur toute la ligne la force armée qui est sous les ordres du général Lecourbe à 45,000 hommes, sur lesquels on ne compte que trois régiments de ligne dont la moitié est favorablement disposée pour le roi. Toute la troupe de ligne est habillée, armée; la garde nationale est armée, mais n'est point habillée.....

Nous sommes obligés de ralentir notre zèle et d'y mettre des bornes à cause de la difficulté d'avoir des fonds et de notre économie à les employer.... Si nous avions une plus grande masse de fonds, nous achèterions maintenant des fusils et formerions promptement des corps pour le roi.... On nous propose de nous procurer 5 à 600 fusils de munition avec baïonnette et peut-être plus. Ces fusils seront reçus et reconnus sur les lieux, après quoi les marchands se chargeront de les faire arriver à la frontière sans que nous nous en mêlions. Ces fusils seront payés pour le prix de 18 à 23 francs. Ce prix ne m'a été donné que comme prix d'achat, il faudra ajouter celui de courtage, d'emballage et de transport jusqu'au lieu désigné.....

XI.

Extrait des rapports de Lemare.

26 mai.

Toutes nos négociations avec Marulaz et Lecourbe sont en grande partie déjouées. Marulaz est déplacé et remplacé par Miollis. Quant à Lecourbe, le négociateur qui devait traiter avec lui et qui est son ami intime, vient d'être mis en surveillance comme ayant appartenu à la maison du roi; il était effectivement dans les mousquetaires (1). Il va tâcher de s'esquiver et de passer à Bâle, d'où il espère communiquer avec le général....

---

(1) « .... La négociation qui dut être entamée les premiers jours de

Plusieurs de nos Philadelphes ont été mandés par le préfet, il faut donc changer beaucoup de filières, mais enfin nos correspondances vont encore.... On établit trois redoutes à Morteau, j'en connais la position et une au pont de l'Abbaye Sainte-Marie, sur la route de Jougne à Lons-le-Saunier. La compagnie franche de Pontarlier est organisée, elle a ordre de se mettre en mouvement dès que les hostilités commenceront. J'ai établi une correspondance avec des habitants de la lisière qui ont de leur côté des moyens de correspondance en France.... Beaucoup de gardes nationaux qu'on assemble sur la frontière ne demanderaient pas mieux que de passer en Suisse si on leur assurait une existence. Tous les jours il y en a qui s'informent s'ils y seront reçus et s'ils auront des secours....

28 mai 1815.

Tout est en mouvement pour le roi sur les montagnes où je suis maintenant; l'organisation dont je vous ai parlé s'opère avec une grande rapidité, et dans peu de jours je vous ferai passer le tableau où sont inscrits les noms des braves qui veulent répandre leur sang pour une cause à laquelle sont attachées de si brillantes destinées. Dans peu les communes du Doubs et du Jura seront à même de faciliter aux alliés les moyens de pénétrer en France. Aidez-nous par des fonds, de la poudre et du plomb.

On a fait partir précipitamment les troupes de Besançon pour Paris. Sur une compagnie de gardes nationales du département du Doubs qui devait être composée de plus de 160 hommes arrivés à Belfort, il n'en restait plus que dix. Ceci est positif.

Marulaz est passé pour faire son inspection à Pontarlier; il était attendu à Morteau le 26, il n'est point encore arrivé, on ignore la cause de ce retard. Il n'existe encore aucun canon à Morteau et on mande qu'on ne sait où les prendre, ceci est positif. Bientôt toutes les frontières seront gardées et les communications deviendront très difficiles. Les contrebandiers sont les agents que nous employons aujourd'hui le plus volontiers pour répandre tous les écrits et nouvelles. La prise de Naples produit un grand effet sur les napoléonistes, mais il eût été plus fort il y a quinze jours....

Si nous avions pu promettre les deux points de la Constitution que le parti républicain demande, nous aurions aujourd'hui pour

---

juin par M. Muyard de Vouglans avec ce général (Lecourbe) ne put l'être malgré sa bonne volonté, à cause de la mise en surveillance dont fut frappé le négociateur. ▪ (*Rapport sommaire*, p. 19.)

nous tous les gens dont Bonaparte se sert si utilement et qui donneront plus de peine que peut-être on ne s'y attend....

Le général Jany(1), qui n'est qu'un ivrogne et un fainéant, et le colonel Christin, bon royaliste, ont visité la frontière. On fortifie Morez, à l'endroit dit le fort de Morez. On fortifie également les Rousses entre le village et le lieu appelé La Cure. Nous pouvons indiquer tous les lieux fortifiés et la manière dont ils le sont, comment on peut les tourner et les attaquer.

XII.

Extraits des rapports de Lafon.

[Fin de mai 1815.]

Me voici sur les montagnes de Neuchâtel, où je cherche à organiser la fédération intérieure dont je vous ai parlé; déjà tout est préparé dans plusieurs communes. On verra qu'il y a des Français dignes de porter ce nom et capables d'actions héroïques. Nous continuerons notre besogne jusqu'à l'entrée des alliés et nous faciliterons l'entrée du territoire aux libérateurs. Les mesures de rigueur que prend aujourd'hui le gouvernement nous entravent, mais les difficultés ne nous arrêteront pas.

L'arrondissement de Saint-Hippolyte n'a aucun besoin d'être travaillé. L'organisation de divers bataillons royaux est toujours complète, puisque personne dans cet arrondissement n'a voulu partir pour servir Bonaparte. Le jour où ces bataillons seront requis de marcher pour le roi, pas un ne manquera à l'appel. Environ quatre cents jeunes gens de cet arrondissement désignés pour servir Bonaparte se sont retirés dans le Porrentruy, où la plupart ont trouvé quelques moyens d'existence.

J'ai aussi visité les frontières de l'arrondissement de Pontarlier, et j'ai acquis la certitude que dans les cantons de Morteau et Montbenoît les gardes nationaux ne sont point partis. Dans les autres cantons les mesures de rigueur que l'on a employées en ont fait marcher un certain nombre. Plusieurs ont déjà déserté.

Dans l'arrondissement de Pontarlier il y a en ce moment 1,400 hommes, tous gardes nationaux; ils sont répandus sur la

---

(1) Le général qui commandait les gardes nationaux chargés de couvrir cette frontière se nommait Laplagne.

frontière pour empêcher les désertions, émigrations et correspondances....

1ᵉʳ juin 1815.

Marulaz n'a pas été remplacé comme je l'avais annoncé à Votre Excellence. Miollis a obtenu de Bonaparte la place de gouverneur de la Lorraine. Dès que Marulaz sera de retour de la tournée qu'il fait dans le département, nous entamerons avec lui la négociation projetée.

Si dans ce moment on entrait dans la Franche-Comté, il n'y aurait pas le moindre obstacle. Il n'y a plus de troupes de ligne dans la ville, toute la garnison consiste dans des bataillons de gardes nationales commandés par le brigand Marmier (1). Il a équipé 400 hommes, a fait des proclamations à ses vassaux. On forme un camp qui doit être, dit-on, de 3 à 4,000 hommes au-dessus du mont de Bregille, mais on ne sait quels sont les hommes qui l'occuperont; 1,800 hommes de gardes nationales sont distribués sur la frontière de la Suisse, où l'on fait des redoutes pour épouvanter les enfants, et voilà toute la force du département du Doubs. Si l'on diffère d'entrer, elle pourra devenir plus considérable, mais ce qu'il y a de certain et de très certain, c'est que dans ce moment avec 5 à 6,000 hommes de troupes réglées et quelques pièces de canon, on se rendrait maître de toute la province....

Lettres adressées à M. Lafon par des agents placés dans l'intérieur.

30 mai 1815.

L'opinion en faveur du roi gagne tous les jours dans le département du Doubs, notamment dans les montagnes. Il n'y a pas de doute que nous ne puissions faire lever en masse toute la population de cette frontière et la diriger sur Besançon, qu'on sait être dégarni de troupes. Si nous avions des fusils, de la poudre et du plomb, nous arriverions facilement devant cette place, y sommerions Marulaz au nom du roi, et s'il était prévenu, nous sommes convaincus qu'il arborerait le drapeau blanc.

Les gendarmes et les douaniers qui étaient sur la frontière viennent de recevoir l'ordre de se rendre à Besançon; on ne sait

---

(1) Philippe-Gabriel, duc de Marmier, né à Gray en 1783, mort en 1845. Gendre du duc de Choiseul, il s'était laissé nommer comte de l'Empire et chambellan de l'empereur. Il venait d'être élu (12 mai) à la Chambre des représentants et allait passer (2 juin) à la Chambre des pairs.

s'ils en reviendront. Les maires des communes où le gouvernement de Paris a envoyé des garnisaires ont engagé les habitants à les nourrir encore quelque temps plutôt que de payer les contributions. Ces braves gens s'y sont soumis plutôt que de donner des fonds à l'usurpateur pour faire la guerre au roi légitime.

On a commandé beaucoup d'habitants pour couper les routes ; ils traînent tant qu'ils peuvent cette besogne en longueur, et m'ont dit qu'ils tiendraient des pièces de bois toutes prêtes pour faire des ponts sur les fossés qu'on leur fait faire....

Le marquis DE JOUFFROY.

31 mai 1815.

Conformément aux ordres que vous m'avez donnés, j'ai (visité) les cantons de Montbenoît et de Pontarlier ; j'y ai vu les maires des diverses communes de ces cantons et leur ai demandé les tableaux que vous désirez pour l'organisation intérieure d'une fédération royaliste. J'ai formé les mêmes demandes dans les cantons de Levier et de Maîche. Je suis sûr du succès, et vous porterai sous peu de jours les tableaux.

Dans ce moment il n'y a pas plus de 60 soldats dans le château de Joux. Ceux qui y étaient ont été dirigés sur Besançon ; en cas d'invasion, les douaniers doivent se retirer dans cette forteresse. La gendarmerie stationnée dans l'arrondissement est aussi partie pour Besançon. La déclaration de Vienne du 12 mai, que nous répandons avec profusion, produit le plus grand effet.

Les compagnies franches commencent à se montrer ; elles ont enlevé avec beaucoup de bruit et d'éclat l'abbé Dornier, succursaliste au Cerneux-Péquignot, et ont commis de grands excès.

DE MESMAY,
Chevalier de Saint-Louis.

31 mai 1815.

Je procède aux tableaux que vous m'avez demandés, il est hors de doute que lorsque le premier noyau qui sera au moins de 600 hommes, si nous le désirons, aura été formé, nous le monterons en peu de jours au nombre de 10,000 hommes, mais il nous faut des armes, de la poudre et des balles.

SANDERET DE VALONNE,
Juge de paix.

XIII.

Hip. de Jouffroy à Lafon (au Sauvage, à Neuchâtel)(1).

Aux Planchettes, 5 juin.

Peu d'instants après votre départ, Monsieur, j'eus occasion de mander le maire de Surmont, cet ancien Mirabeau dont je vous avais parlé (2) et que je me proposais d'envoyer à Besançon, et je le vis arriver le lendemain avant midi; je l'ai chargé de la lettre ostensible de M. de Talleyrand. Vous vous rappellerez que votre procuration était partie le jour même de votre départ; il a emporté également copie de l'autre lettre pour que la personne à qui je l'ai adressée se conforme avec scrupule aux instructions que nous avait transmises M. de Talleyrand. Je lui ai dit aussi d'attendre à Besançon deux ou trois jours s'il était nécessaire pour qu'il nous rapportât la réponse que nous désirions. J'ai eu de ses nouvelles de cinq lieues de distance de la frontière. Il m'a fait dire qu'il arriverait à Besançon samedi au soir ou dimanche au matin, et à supposer qu'il y passât le lundi ou le mardi, je compte le voir arriver aux Planchettes jeudi ou vendredi au plus tard.

Nous sommes allés hier, M. Sanderet et moi, aux Brenets, chercher les états que nous avions demandés des individus sur lesquels on pouvait compter dans chaque commune. Nous y avons vu ceux à qui nous y avions donné rendez-vous. Tous nous ont assuré qu'il était inutile de former ces listes; que nous pouvions compter que tous ou presque tous les habitants se réuniraient au premier signal que nous leur ferions, qu'ils se porteraient partout où le service du roi l'exigerait et que leur intention était de ne laisser dans chaque village que quelques femmes pour avoir soin de leur bétail. Tous les jours il nous arrive des jeunes gens des communes de cette montagne qui tous nous donnent l'espérance la plus positive du bon esprit qui les anime. Par aperçu, il en réside bien 200, tant du canton de Morteau que de celui du Russey,

---

(1) Hippolyte de Jouffroy, plus tard capitaine d'infanterie, était le quatrième fils du marquis de Jouffroy, l'inventeur. L'un et l'autre étaient alors activement mêlés au mouvement royaliste.

(2) Ce maire, d'après l'*Annuaire du Doubs*, se nommait Vuillier. On le donne ici comme ayant servi dans la légion émigrée de Mirabeau.

dans nos environs et qui n'attendent que le moment d'être utilisés. Ils se sont procuré presque tous de l'ouvrage dans les environs, mais aucun d'eux ne veut en entreprendre qui pourrait les retenir plus de quinze jours, tous ils espèrent pouvoir rentrer promptement. Beaucoup de ces jeunes gens ont servi. Vous voyez que cela ferait déjà un noyau conséquent avec lequel, si nous avions des fusils à leur mettre à la main, nous pourrions rentrer en France et entraîner à notre suite la masse des bons et fidèles sujets du roi. Nous serions assez forts pour nous emparer de Morteau, où il y a eu tout 300 gardes nationaux du département de l'Ain, lesquels ne sont pas encore habillés et, d'après tous les rapports qui nous sont faits, sont très peu disposés à servir Bonaparte. Nous trouverions là des fusils pour armer nos gens ; nous ferions détruire les redoutes qu'on a commencées et qui ne sont pas finies dans ce point ; nous ferions remplir les fossés qu'on a fait faire sur quelques routes qui aboutissent à Morteau, et par là nous faciliterions l'entrée de notre province aux alliés de Louis XVIII....

M. de Mesmay nous a fait part d'une lettre qu'il a reçue d'un M. de la Rochefoucauld qui se dit seul chargé par le roi d'organiser notre province ; je ne puis vous dissimuler l'inquiétude que cela nous a donnée à tous (1)....

On me mande que du côté de Saint-Claude, Morez et les Rousses, on est furieux de l'effet de nos proclamations, que nos têtes sont à prix et que plusieurs gendarmes se sont établis sur la frontière de cette partie de la Suisse, dans l'espérance qu'ils pourraient s'emparer de quelques-uns de nous et gagner la récompense promise, que les uns portent à 10, 15 ou même 20,000 fr. Nous sommes instruits de même que nos proclamations ont pénétré jusqu'à l'ouest et Dijon ; qu'à l'ouest on y débitait que vous étiez arrêté et qu'on vous conduisait à Lons-le-Saunier ; que même on avait vu de vos amis qui étaient prêts à partir pour cette ville et tâcher de vous y joindre.

---

(1) Le comte de la Rochefoucauld, « commissaire extraordinaire chargé du recrutement de l'armée royale de l'Est, » lança, le 10 juin, de son quartier général de Lœrrach, près de Bâle, un arrêté et une proclamation aux « guerriers et fonctionnaires publics » les invitant à se réunir à lui. On verra plus loin (doc. XVIII et XIX) les résultats de son entreprise.

XIV.

H. de Jouffroy à Lafon (à la Chaux-de-Fonds).

8 juin.

Monsieur,

Je viens de me transporter sur les lieux de la frontière de France que vous m'avez indiqués. J'ai eu le bonheur de passer sans accident et j'ai donné communication de vos lettres et de vos ordres.... Plusieurs employés aux douanes, réunis à quelques gardes nationaux envoyés comme garnisaires dans ces contrées, se sont portés chez M. le curé de Belleherbe, commune de l'arrondissement de Saint-Hippolyte, où ils se sont introduits de vive force dans son domicile, et après s'être emparés de M. le curé, s'être enfermés avec lui, ils se sont fait apporter du vin et se sont mis à boire. Les habitants de cette commune, témoins de cette violence, ont été en prévenir M. Pourcelot, juge de paix du canton de Maîche. Ce dernier s'est porté sur-le-champ, accompagné de son fils, dans cette commune, et ayant été à la cure dont la porte était fermée en dedans, ils ont été obligés de l'enfoncer pour y pénétrer. Ils ont interpellé ces douaniers d'avoir à leur déclarer par quels ordres ils se trouvaient là. Ceux-ci ayant répondu qu'ils n'en avaient aucun, ces messieurs leur ont ordonné de sortir sur-le-champ, ce qu'ils n'ont pas voulu faire. Ils ont même fait résistance, on a été obligé d'employer la force, et ces messieurs, aidés des habitants d'une commune voisine, ne sont venus à bout de délivrer M. le curé de ces misérables qu'en les rouant de coups.

XV.

Rapport de Besançon, 14 juin.

Le maréchal Jourdan est arrivé à Besançon pour inspecter les places et les troupes de la 6e division militaire.

Le lieutenant général Marulaz a été dénoncé comme royaliste par le lieutenant général Saint-Clair. Le ministre de la guerre ayant renvoyé au lieutenant général Marulaz la dénonciation, il a eu une explication très vive avec Saint-Clair, qu'il a traité de canaille ; ils continuent cependant l'un et l'autre à être employés et on ne doute pas des bonnes dispositions du premier.

Les retranchements, têtes de ponts et autres moyens de défense continuent à s'établir avec une grande activité dans tout l'intérieur, à commencer par la ligne frontière. Partout on fait faire ces travaux par corvées, ce qui vexe fort les paysans qui sont, en outre, surchargés de réquisitions de tous genres ainsi que de garnisaires pour faire payer les contributions et rejoindre les gardes nationaux qui continuent à déserter à l'intérieur et se tiennent cachés dans les forêts pour la plupart.

Le lieutenant général Lecourbe a visité toute la ligne depuis Bâle ; il était jeudi à Pontarlier et a continué sa tournée vers le Jura.

Un corps de 10,000 hommes d'infanterie s'est porté à marches forcées des bords du haut Rhin sur Chambéry. Ce sont de vieilles troupes bien armées. La frontière est dégarnie. Besançon contient 12,000 gardes nationaux.

Les compagnies franches s'organisent lentement, vu qu'on les fait rejoindre les différents corps d'armée à mesure qu'elles sont réunies, ce qui ne leur convient guère, ne pouvant pas se livrer au pillage ainsi qu'elles s'en flattaient. Il s'en est présenté une dans les montagnes qui a été repoussée avec pertes par les habitants, qui craignaient leurs brigandages.

Les communications avec les Suisses doivent être interceptées. On est très sévère dans l'intérieur pour toutes correspondances, même de commune à commune.

XVI.

Gomion au comte A. de Talleyrand [1].

[Juin 1815].

.... Les courses que je viens de faire m'ont mis à même de re-

---

(1) Cette lettre sert d'annexe à une dépêche de Talleyrand au ministre d'Angleterre en Suisse (20 juin 1815), relative aux fonds prêtés à Louis XVIII par le prince-régent pour la levée de régiments en Suisse, et où on lit : « J'ai l'honneur de joindre ici à Votre Excellence le tableau que vient de me présenter M. Gomion, dont M. le baron Krüdener m'a garanti les sentiments de loyauté. Ce Français, qui vient de faire lui-même la tournée de ces frontières, a remis un double de cette note au chargé d'affaires de Russie. »

cueillir des idées certaines sur l'opinion de ces départements (le Doubs et le Jura). Vous seriez heureux, monsieur le baron, de converser avec ces braves montagnards ; ils ne connaissent d'autre philosophie que l'Évangile et, identifiant la cause du roi avec celle de la religion, ils oublient les malheurs qu'a attirés sur eux, en 1793, leur dévouement à cette cause sacrée.... Les sentiments de ces bonnes gens, auprès desquels je trouve asile, me dédommagent amplement du mal que me f: it l'opinion des habitants de la [Haute-]Saône. Je regrette d'être né sur ses bords ; l'immoralité y est à son comble, aussi les régicides et l'homme de l'île d'Elbe n'ont-ils de partisans que sur cette ligne de Lyon à Gray et sur les bords de l'Isère, car il ne faut pas croire que la totalité des départements de ces deux rivières pense comme les habitants qui sont riverains. L'intérieur est très bon. Mais les montagnards de Franche-Comté l'emportent sur tout ce que j'ai parcouru. J'impute d'abord à la religion le zèle des habitants, mais je dois à la vérité dire que M. le comte de Scey, M. Roger de Damas, les commissaires du roi, Lafon, Lemaré et Jouffroy, entretiennent des relations extrêmement importantes.... Sur 100 individus en état de porter les armes, 95 au moins serviraient pour le roi.... Les juges de paix, maires, notaires, curés, paient de leur bourse les garnisaires envoyés pour la levée des impôts....

Besançon, dont la population est d'environ de 28,000 âmes, ne compte, dans ses murs et banlieue, plus de 3 à 400 partisans du nouvel ordre de choses. Il y a là un M. Janson qui, avec son gendre, M. de Laveaux, officier retiré, tiennent à la disposition de l'armée royale 2,000 hommes, tous gens ayant servi et très dévoués. Ce M. Janson est d'une grande utilité au parti ; son gendre est la probité personnifiée. Ce brave jeune homme a déjà dépensé de ma connaissance parfaite plus de 6,000 fr., et tous les jours, il paie pour des officiers retraités, afin qu'ils ne rejoignent point les drapeaux de Napoléon. Ainsi on peut donc compter pour ce point au moins sur . . . . 2,000 hommes

Je connais des enrôlements dans les communes, depuis Besançon jusqu'à la Grand'Combe, qui n'est séparée de la Suisse que par la rivière du Doubs, montant à plus de 3,000 hommes. Le maire de Pierrefontaine (1), celui de Surmont, le

A reporter. . . . 2,000 hommes

---

(1) Sur ce maire, nommé Jeanmaire, et sur son rôle, voir le *Rapport sommaire*, p. 23-24.

Report . . .	2,000 hommes
juge de paix de Maîche, enfin tous les bourgeois de ces contrées soutiennent de leur bourse et de leur courage le beau zèle des paysans, ci . . .	3,000
De Besançon à Morteau et à Pontarlier, on peut compter sur 3 à 4,000, ci	3,000
Dans le département du Jura, M. Lemare est parvenu à attirer dans le parti tous les républicains. Ceux-ci, réunis aux royalistes, qui forment la majorité, fourniraient pour ce qu'on appelle la montagne du Jura, Morez, Saint-Claude, Lons-le-Saunier, Poligny, Arbois . . .	4,000
Le pays bas du Jura, qui n'est pas très bon, fournirait cependant plus de	2,000
Total. . . .	14,000 hommes

Il y a à Dole, Saint-Aubin, Chaussin, Tassenières, Sellières, etc., des gens qui travaillent les esprits, et je ne dis pas trop en portant la réunion de cet arrondissement à 2,000.

On peut donc compter pour les départements du Doubs et du Jura au moins 14,000 hommes. Ce corps, bien dirigé et soutenu par le mouvement des alliés, ferait des prosélytes et grossirait considérablement à mesure qu'il marcherait, parce qu'il se recruterait de royalistes et surtout des hommes de la dernière levée qui n'ont pas rejoint (1)....

---

(1) Le comte de Talleyrand écrit au duc de Richelieu (14 avril 1817) une dépêche dont voici la substance : En 1815, je chargeai Gomion, sous-inspecteur forestier à Joigny, de sonder Jourdan à Besançon, de lui promettre 500,000 francs, plus diverses décorations, s'il faisait arborer le drapeau blanc. Le général Steigentesch déposa au nom des alliés les fonds nécessaires. Gomion s'aboucha avec le chef d'état-major Petitpierre. Après Waterloo, les alliés devenus hostiles aux royalistes qui ne pouvaient plus leur être utiles, retirèrent les fonds. Ils ne voulurent même pas, le comte Roger de Damas en est témoin, que je prisse, dans une note à la Diète, le titre d'allié des puissances coalisées. Découragé de n'avoir pas été récompensé en France, Gomion vint à Berne pour se faire recommander auprès de l'empereur Alexandre par le baron de Krüdener, qui lui a des obligations. (Corr. Suisse, vol. 504.)

Le Rapport sommaire (p. 27) raconte avec quelques détails la mission de Gomion, signalant cet agent comme « notaire à Pontailler-sur-Saône. »

XVII.

Le comte A. de Talleyrand au comte de Jaucourt.

Zurich, 2 juillet.

.... A la suite d'une assemblée tenue, le 27 juin, par les maires de l'arrondissement de Morteau, on a arboré dans cette ville et dans toutes les communes de l'arrondissement le drapeau blanc. Pontarlier n'aura pas même besoin de la présence des troupes alliées pour se déclarer spontanément. M. de Neuvier, sous-préfet de Saint-Hippolyte pour le roi, est rentré, le 29 au matin, dans ses fonctions, rappelé par les habitants....
Je dois à M. le comte de Scey, à MM. Lafon et Lemare la justice que c'est à eux et aux agents qu'ils ont employés, parmi lesquels il faut distinguer M. Janson, M. le marquis de Jouffroy, son fils, le major Mesmay, MM. Gomion et Leblond, que l'on doit les bonnes dispositions de ces contrées. Depuis trois mois ils n'ont cessé, au péril de leur vie, d'y organiser une fédération royaliste (1)....

XVIII.

H. de Jouffroy au comte de Scey.

2 juillet.

Je viens de recevoir, par M. de Jouffroy fils, une lettre de M. de la Rochefoucauld qui m'apprend que, d'accord avec vous, il a pris la direction du mouvement qu'il veut opérer. Je désire avec une vive ardeur que le succès couronne ses désirs ; mais je crains qu'un trop grand zèle et quelques autres obstacles ne nous privent du fruit de nos travaux et surtout ne compromettent les

---

(1) Cf. sa lettre au même (25 juin), où il se plaint de la mauvaise volonté des alliés. « Avec l'onction d'un collecteur du Mont Saint-Bernard, je suis obligé d'aller quêter quelques milliers de francs chez le ministre d'Angleterre.... L'amour-propre souffrirait de voir S. M. rétablie uniquement sur le trône par des troupes étrangères, et que les Français n'y eussent contribué que par des cris de Vive le roi.... »

braves habitants de ce département. Il est bien malheureux de ne pouvoir pas se voir et s'entendre ; je vous aurais proposé des moyens faciles d'arriver presque sans obstacle à Besançon, et si nous avions seulement les fusils dont vous avez été le dépositaire en commençant notre mouvement sur le point qui m'a été désigné et qui nous aurait mis à l'abri de grands obstacles, je répondrais du succès. Il n'est plus temps d'y penser, puisque M. de la Rochefoucauld m'apprend qu'il est entré en France et que, par défaut de communication et ne sachant où vous prendre, je n'ai pu vous communiquer mes idées que vous auriez approuvées, j'en suis sûr. Je ne suis point militaire, ce n'est point mon état, mais avec la raison et le bon sens on peut se trouver d'accord avec des hommes versés comme vous dans l'art de conduire des gens de guerre.

Vous avez la confiance du département du Doubs ; nous avons cherché à l'augmenter par tous les moyens qui sont en notre pouvoir. Comment se fait-il que vous ne paraissiez en rien comme militaire dans ce département? Cette idée m'afflige parce que je comptais sur vous et que je vois déjà le mécontentement vivement exprimé, dans plusieurs personnes qui ont pris une part active dans l'organisation et que j'ai été obligé de retenir pour ne pas entraver le mouvement de M. de la Rochefoucauld.

J'écris à M. de la Rochefoucauld pour lui dire ce qui se passe et le prévenir, s'il est temps, des fâcheux résultats d'une opération trop précipitée (1).

Je viens de recevoir à l'instant même la nouvelle certaine qu'il y a plus de 2,000 hommes armés tant à Morteau que dans les villages voisins, ayant avec eux six pièces de canon. Si vous n'avez point de secours du côté des alliés, vous pouvez vous trouver compromis. Nous serions déjà en France, prêts à seconder le mouvement, sans la certitude que nous serions arrêtés par la troupe qui est à Morteau.

On nous fait espérer qu'elle quittera incessamment ce poste, alors nous volerons de suite dans nos communes organisées où nous sommes attendus comme des libérateurs, mais jusque-là nous ne pouvons agir sans compromettre les braves de ce département et le succès d'une si importante opération....

---

(1) Cette lettre est corroborée par une longue lettre de Lafon au comte de Talleyrand, et une autre de ce dernier au comte de Jaucourt. L'un et l'autre se plaignent vivement de la Rochefoucauld, qui veut accaparer tous les pouvoirs. Talleyrand va jusqu'à offrir sa démission.

XIX.

Ed. de Montrond au comte A. de Talleyrand.

Bienne, 4 juillet.

Monsieur le Comte,

Ma mère ayant adressé à Votre Excellence la lettre que je lui écrivais le 30 juin et dans laquelle j'annonçais une confiance aussi entière dans nos succès, m'a imposé le devoir et donné le droit de vous rendre compte des motifs de la malheureuse issue de notre entreprise. J'étais ressorti, le 30, complètement assuré de l'excellent esprit de l'arrondissement. Le drapeau tricolore était disparu. Le drapeau blanc flottait déjà, malgré les soins qu'on se donnait pour contenir un instant encore les démonstrations prématurées. Il n'y avait que 300 hommes à Blamont.

Je devais trouver, le 30, près de Goumois, un corps de cavalerie autrichienne et le corps de la Rochefoucauld. M. de Scey y était arrivé le 30 au matin.

Effectivement, M. de la Rochefoucauld y arriva le 30 au soir, avec des instructions de M. de Damas, portant que le commandement lui appartenait, mais que le mouvement ne pouvait s'opérer qu'aidé par un corps de cavalerie alliée. La cavalerie ne paraissait point. Ces messieurs crurent devoir commencer également l'opération, et les avis de l'intérieur semblaient les justifier. Je partis en conséquence le 1er, à dix heures, pour placer une garde au pont de Goumois sur lequel nous devions passer. Je reçus en route un avis envoyé par le maire de Blamont portant que 7,000 hommes de l'armée d'Alsace venaient d'arriver chez lui. Je pensai que cette circonstance ferait nécessairement changer d'avis à M. de la Rochefoucauld. Je plaçai le piquet en deçà de Goumois et revins rendre compte.

Au même moment, je reçus le détail du corps de Blamont, des différentes armes dont il était composé, de la force de chaque régiment, et que ce corps parlait hautement de venir en exécution dans notre montagne où se manifestaient des signes de royalisme. Un instant après, j'appris qu'un corps franc, composé de cavalerie et d'infanterie, était déjà sur le Doubs, à deux lieues de nous. Toutes ces nouvelles si précises et si circonstanciées ne purent ralentir le zèle de M. de la Rochefoucauld, non plus que les supplications des hommes influents de la montagne qui nous représentaient à quels maux inouïs nous allions les exposer. Nous sommes arrivés à Goumois à six heures du soir, et quoique ce village soit mauvais et qu'il fût alarmé de la crainte que nous n'eussions un engagement dans le village même, ils nous reçurent très bien.

Notre petite troupe ne comptait pas quarante hommes sachant se servir de leur fusil, et par une extrême fatalité, il n'y en avait pas un seul de ceux achetés par ordre de Votre Excellence qui fût en état de servir.

Je sus bientôt que la compagnie franche était arrivée à Trévillers dans mon habitation et que le château était entièrement dévasté. Les hommes du pays que j'avais placés en dehors de nos postes disaient qu'on venait nous reconnaître pendant la nuit.

M. de la Rochefoucauld se décida, malgré tous ces avis, à gravir la côte le 2 au matin et à se porter à Damprichard avec la précaution d'écrire au lieutenant-colonel Steiger, qui devait se trouver le même jour à la Chaux-de-Fonds, de protéger sa retraite, le cas arrivant, sur un point indiqué. Je sollicitai de porter moi-même cette lettre à Saignelegier, et je voulais, laissant ma commission de côté, solliciter un détachement à la minute pour descendre au pont de Goumois, convaincu que notre petit corps serait attaqué peu après le jour et avant son départ. Malheureusement la lettre se fit attendre et il était jour quand je partis ; malgré la diligence que je fis, j'entendis le feu de la mousqueterie comme j'entrais au village. Je sollicitai avec toute l'ardeur imaginable un détachement pour courir au secours de nos Français. M. de Steiger se décida à le donner, mais il se passa vingt minutes avant qu'il ne fût pris. Une compagnie bernoise descendit la côte en courant et avec une ardeur inexprimable. Le feu avait cessé ; il ne me restait que l'espoir de venger mes camarades que je croyais détruits, car je n'en ralliai que quatre le long du chemin. Nous arrivâmes trop tard, les brigands étaient déjà repartis. Je rentrai au village de Goumois seul, les Suisses ayant eu défense de pénétrer sur le territoire français. Le maire me dit qu'il avait sauvé les chevaux de M. de Scey et de mon fils qu'il me rendit. Il me raconta que les brigands, instruits que l'état-major était chez lui, s'étaient élancés dans sa maison et que, n'y trouvant plus personne, ils avaient enfoncé les fenêtres et fait feu par là. J'allai examiner les morts, parmi lesquels j'eus le bonheur de ne trouver ni mon fils ni mon beau-frère. Je ne puis vous dire avec quel chagrin je reconnus le comte de Montjoie, qui venait de nous rejoindre. J'ai fait enlever et conduire à Saignelegier le corps de ce jeune homme et donné des ordres au curé pour qu'il fût convenablement inhumé.

Mes camarades s'étaient retirés, par un autre chemin, en' très bon ordre, rendant tous justice à la valeur froide et constante que M. de la Rochefoucauld avait montrée.

Voilà, monsieur le comte, l'exacte vérité sur cette entreprise à la suite de laquelle le corps franc est remonté à Trévillers et a entièrement détruit le château. Il ne me reste au monde que ce que j'ai sur le corps (1)....

XX.

Relation d'un voyage fait dans le Jura, les 6, 7 8 et 9 juillet 1815, par M. Lemare.

Morez, 11 juillet.

Monsieur le Comte,

Jusqu'à présent, ce n'a guère été que sur des paroles que vous avez pu juger du succès de notre mission dans le Jura. Voici une preuve de fait qui confirme et bien au delà tout ce que nous avons pu vous dire.

J'ai voyagé quatre jours dans le Jura, seul avec un postillon, depuis les Rousses jusqu'à Lons-le-Saunier, sans trouver un seul soldat ou officier allié, excepté dans le chef-lieu du département. Je portais à un chapeau français une cocarde blanche, et mon habit était muni de vingt-deux boutons à trois fleurs de lis et à la couronne. Non seulement personne ne m'a inquiété ou insulté, mais j'ai partout reçu l'accueil le plus satisfaisant.

Aussitôt que j'arrivais dans un village, un bourg ou une ville, toute la population se précipitait autour de moi; j'étais étouffé d'embrassements, accablé de questions : Quel roi avons-nous? Aurons-nous Louis XVIII? Peu nous importe, disaient quelques-uns, qui nous gouverne, pourvu qu'il règne avec une constitution libérale. Nous nous ferions tuer jusqu'au dernier plutôt que de souffrir la dîme et les droits féodaux. Nous aimons tous Louis XVIII,

---

(1) Sur cette échauffourée de Goumois, où Pelletier de Chambure commandait les corps francs bonapartistes, cf. le récit de l'abbé Richard, dans son *Essai sur l'histoire de la maison et baronnie de Montjoie*, p. 72-73.

mais nous craignons que la noblesse ne veuille rétablir les droits et la dîme. Serons-nous partagés ? etc., etc. Il fallait répondre à tout cela, ne point trop heurter les opinions. J'étais exténué, et pour me soustraire à cet état, j'ai quitté le département et suis revenu en Suisse pour y respirer. Il est vrai que j'étais un peu indisposé précédemment.

Tout était déjà fini dans le Jura avant l'entrée des alliés. Les bons avaient été soutenus, encouragés par les écrits et les nouvelles qui y avaient circulé ; les bonapartistes étaient terrifiés et n'avaient plus aucun espoir du triomphe de Bonaparte. Le cœur de tous n'était point encore changé, mais leur esprit était convaincu.

Pas un seul coup de fusil n'a été ni ne sera tiré, dans le Jura, par aucun de ses habitants. Les fortifications des Rousses et de la Faucille n'ont été défendues que par des étrangers, troupes de ligne, gardes nationaux de Gex, de Vesoul, etc. Pas un habitant des Rousses n'a pris les armes, et si douze maisons ont été brûlées, la faute en est à 200 paysans de l'Ain et de la Haute-Saône, sans uniforme, que les Autrichiens ont pris pour des gens des Rousses. Ceux de Morez ont empêché qu'on ne défendît le fort qui en fermait l'entrée. Et ne croyez pas que le nombre ait épouvanté les Jurassiens ; il est entré très peu d'alliés dans le Jura, et il n'en est pas resté un seul dans tout le trajet des Rousses à Lons-le-Saunier.

Cependant au retour de Bonaparte et l'année dernière (1814), les têtes y étaient montées peut-être plus qu'elles ne sont aujourd'hui en Alsace et en Lorraine. Ainsi le Jura ne fera pas brûler une amorce, à moins que quelque maladresse ne vînt échauffer les esprits.

Les deux modifications à la charte, dont nous vous avons parlé, sont nécessaires au repos public. Ce n'est point ici mon opinion privée que j'énonce. C'est l'opinion presque générale. Je sais que tout cédera à la force, mais une fois que les alliés seront rentrés chez eux, les passions comprimées se réveilleront. Bonaparte reste, c'est le moins dangereux, Napoléon II existe et grandit, etc., tous prêts à saisir le moment favorable pour une nouvelle révolution. Mais si les Bourbons protègent ce qu'on appelle les droits de la nation, s'ils respectent l'opinion, cette reine du monde, ils sont éternels et conjureront tous les orages.

Peut-être l'émission d'une opinion semblable déplaira à des Français respectables qui croient qu'il ne faut point faire de concessions (c'est leur terme, qui, par parenthèse, n'est pas très libéral), mais l'amour de la patrie l'emporte sur toutes les considérations, ainsi que mon vœu bien sincère de voir heureuse et florissante la dynastie des Bourbons, qui seule peut maintenant garantir mon existence.

Si j'avais défendu les principes d'un royalisme absolu, j'aurais été bien sûrement lapidé dans le Jura et je ne conseille à personne de s'y présenter, du moins de sitôt, avec cette couleur. Les royalistes purs ou absolus s'y composent de la plus grande partie des nobles, des prêtres dits inconstitutionnels et de leurs partisans, ce qui en total ne forme pas un dixième de la population; ils sont timides, peu aimés. S'ils triomphent, ils seront détestés, malheureux, toujours en guerre et en danger. Les neuf dixièmes sont ou seront dévoués à Louis XVIII s'ils en obtiennent une constitution libérale ; la constitution de 91, amendée de la charte modifiée, vaudrait au roi plus que des armées.

Ne pensez pas que c'est l'amour pour Bonaparte qui, dernièrement, a mis la nation en mouvement; tous...., tous, excepté l'armée (n'en espérez rien, il faut la dissoudre) et quelques bandits qui voyaient en lui un chef de brigands, ne voulaient s'en servir que comme d'un mannequin. C'est la haine des idées féodales, ce sont les divisions particulières qui les ont rapprochés un moment d'un tyran qu'ils se proposaient ensuite d'abattre. Déjà le drapeau blanc flotterait dans tout le Jura si l'on connaissait la pensée du roi ; mais on craint de mauvais conseillers ; s'ils prévalent, on obéira, mais on se bornera à obéir.

Dans plusieurs villes, le drapeau blanc avait été arboré, mais il a été retiré, non pas par la crainte de voir les alliés vaincus, on est sûr qu'ils ne le seront point, mais par celle d'être trompé dans son attente. Aussitôt que l'ordre ou plutôt que le signal sera donné par l'autorité, ce signe de la restauration reparaîtra partout. D'un autre côté, le drapeau tricolore (dépopularisé par Bonaparte) n'existe plus nulle part; personne, pas même les demi-soldes, ne porte la cocarde dite nationale.

Il n'y a plus rien à faire dans le Jura que de replacer ou changer quelques fonctionnaires qui feront arborer de suite et respecter le drapeau blanc. Pour tout cela, il n'est besoin que de la permission du général allié. Toute autre protection est inutile. C'est assez protéger que de laisser faire.

J'aurais désiré, monsieur le comte, que vous eussiez été témoin de mon voyage, vous auriez joui du bien que vous avez fait, car c'est à vous seul que je le rapporte, puisque vous seul nous en avez fourni les moyens.

Plusieurs personnes, en me voyant partir, avaient craint pour moi. Il est vrai que quelques bandits auraient pu chercher à me surprendre. Mon air de gaieté et de sécurité parfaite leur a ôté jusqu'à l'idée de s'attaquer à moi. J'ai voyagé au milieu des corps francs; j'ai descendu dans des auberges où je savais qu'ils étaient rassemblés. Ma sérénité et ma popularité les ont désarmés. J'ai loué leur courage, mais j'en ai combattu l'objet. Je n'ai pas entendu une seule voix qui m'accusât et j'ai été partout le bienvenu.

A Lons-le-Saunier, j'ai reçu la visite d'une dizaine de nobles qui ont pleuré de joie en revoyant la cocarde blanche et les fleurs de lis et qui, dans leur émotion, me disaient : Il ne faut point de roi chartrier, point de constitution. Je riais de leur bonne foi et je leur ai répondu avec ma franchise ordinaire. J'ai vu que, s'il le fallait absolument, ils se soumettraient à une charte pour avoir un roi aimé de tout le monde, que quelques uns dans des moments d'humeur ont appelé un roi jacobin, mais que pourtant ils aiment, car il est bon, c'est le cri général.

Il est une classe d'hommes généralement exécrés, c'est celle des prétendus républicains qui ont volé les biens nationaux en les achetant au trentième de leur valeur, je parle seulement des biens soumissionnés, et qui, par différentes voies illégales, ont acquis des fortunes colossales. Sans doute la vente des biens nationaux doit être maintenue, mais tout bien acheté, lorsqu'il y a lésion d'outre moitié, doit payer le complément. Et puis les félons peuvent être attaqués dans leurs biens et tous les brigands dont il est ici question sont aussi des traîtres au roi et à la patrie. Ils ont fourni les chefs à tous les corps francs. Le nommé Vuillier (1), de Dole, s'est acquis ainsi 80,000 livres de rente; mais le plus fameux, le plus haï, le plus méprisé de tous, c'est l'avocat Janet (2), ex-commissaire en Toscane, voleur des diamants de la

---

(1) Vuillier (Simon), né à Quingey en 1740, mort à une date inconnue, député du Doubs à l'Assemblée législative de 1791, juge de paix à Dole sous l'Empire, avait représenté l'arrondissement de Dole à la Chambre des Cent-Jours.

(2) C'est évidemment le personnage qui en 1814, à Paris, fut placé par Pasquier auprès du gouverneur militaire russe, le général de Sacken, pour le conseiller.... « Je choisis un maître des requêtes nommé Janet, qui avait été de la consulte française à Rome. Je savais sa grande habitude des affaires et son infatigable activité. » (*Mémoires du chancelier Pasquier*, t. II, p. 275.)

Il était né à Saint-Julien (Jura) le 30 janvier 1768, et mourut à Lons-le-Saunier, le 29 septembre 1841. Il fut successivement : conseiller de préfecture du Jura après le 18 brumaire, député au Corps législatif de

reine d'Étrurie, le Juif du Jura, qui, en 89, payait 20 francs d'imposition et qui est riche aujourd'hui à 10 ou 12 millions. Frapper de semblables brigands, c'est se populariser et faire rentrer au trésor des richesses qui lui appartiennent. C'est ainsi que Sa Majesté, en rendant justice et en faisant pousser des cris de joie, rétablira ses finances, etc.

---

l'an xii à 1808, représentant à la Chambre des Cent-Jours pour le collège de département du Jura, conseiller d'Etat après 1830, et enfin député du premier collège du Jura en 1837.

BESANÇON. — IMPR. ET STÉRÉOT. DE PAUL JACQUIN.

www.ingramcontent.com/pod-product-compliance
Lightning Source LLC
Chambersburg PA
CBHW060938050426
42453CB00009B/1066